自治体職員のための

市民参加の進め方

意見交換会、ワークショップからボランティアまで

安部浩成 [著]

学陽書房

はじめに

　本書は、はじめて「市民参加（ここでは、行政が主導する取組みに、市民が参加すること）」に携わることとなった職員が、なるべくストレスを抱えることなく市民参加を円滑に進めるためのノウハウをお伝えします。

　本書の目的をこのように述べておきながら矛盾するようですが、市民参加が円滑に進む「万能薬」はありません。なぜなら、参加する市民は、日常生活の中での困りごとや自らの関心事があり、これらを解決したいという思いがあって参加するからです。
　困りごとは千差万別で、課題は地域によって異なります。中には厳しい要求を突き付けられることもあるでしょう。

　一担当者に過ぎない自分の考えが自治体全体を代表するような響きを持ちますから、全方位的に問題を生じさせることなく、かつ施策を推進させるための答えを即座に繰り出す必要があります。私も、それを思うととても重い気持ちになったことがありました。
　皆さんはいかがでしょう。職員というものは、組織という「よろい」の中で、決められた仕事を先例に則って淡々とこなすことには慣れていても、柔軟性が求められる業務には慣れていません。市民参加型事業の場合、丸裸の自分が市民の中に放り出されるようなものです。戸惑いを覚えることも少なくありません。市民参加を忌避したくなるマインドが働く方も多いようです。
　しかし、事業を推進する際、市民の意向を確認し、合意を獲得しながら進めていくことは不可欠です。また、人口減少・低成長に伴い、職員も財源も減少していく中、行政が一手にすべてを引き受け、解決していくことはできません。地域課題の解決にも市民参加は必要なのです。

　万能薬はありませんが、先例から、学説から、そして私の経験から言

いますと、市民参加をなるべく円滑に進めていくためのポイントは存在します。

本書では、こうしたポイントを、はじめての方でもわかるようにやさしく、そして自治体担当者の現場の目線でご紹介します。

本書の構成は次のとおりです。

第1章では、市民参加を取り巻く理論を整理します。政治学・行政学のおさらいが中心ですので、手っ取り早くノウハウを読みたい方は、第2章から読み進めていただいて構いません。ただし、参加型事業を進めていく中で、その意義が問われたり、行き詰まりを感じたりすることがあるかもしれません。そうしたとき、原点に立ち戻っていただければと思います。

第2章から第5章まではノウハウ集です。行政には理論と実践の往復が大切です。先行する自治体の、そして私自身が経験した成功例・失敗例をなるべく多く盛り込みました。先行する自治体での社会実験を糧として、自らの自治体に適用していくにはどうしたらよいか、そのヒントとしていただければと思います。

第6章は市民参加がもたらす効果です。市民参加を通じて、市民も、職員である皆さんも、必ずや何かが変化していきます。明けない夜はありません。話合いが紛糾するなど混乱の過程にあり、めげてしまいそうなときには、第6章を心の支えにしていただけたら幸いです。

本書が、丸裸で市民参加に取り組む職員の恐怖心をいくらかでも和らげ、ポジティブに取り組むことができる職員を一人でも増やすためにお役に立つことができるなら嬉しく思います。

それでは、市民参加の大海へと漕ぎ出していきましょう。

安部浩成

第1章
最初におさえるべき 市民参加のきほん

第2章

担当者の心構えとスキル

第3章

市民参加の進行のポイント

第4章

市民参加の手法とその特徴

第5章

市民との関係づくりのポイント

第6章

市民参加がもたらす効果

最初におさえるべき市民参加のきほん

市民参加は何のために行うのか、どのようにあるべきかなど、市民参加の担当になったらまず知っておくべき基礎知識を解説します。

❶ 市民参加はマストアイテム

◆ 市民参加は担当課だけのもの？

　皆さんが所属しているのは何課でしょうか。

　「市民参加推進課」「協働推進課」「市民自治推進課」といった、庁内で市民参加を主導する立場の皆さん！　皆さんが市民参加を担うことに疑問の余地はありません。

　では、その他の皆さん！　皆さんは市民参加とは無縁でしょうか。いえ、何か関係しそうな気がするから、または、将来的には関係する可能性があるからと本書を手に取ってくださったのではありませんか。

　正解です。公務員である限り、どのような部署でも市民参加に携わる可能性があるのです。

◆ 制度化されている市民参加

　市民参加には、各自治体で制度として公的に取り組まれていることがあります。皆さんの課でも次のような取組みはありませんか。

　　　□　アンケート調査
　　　□　計画案のパブリックコメント募集
　　　□　公募委員を登用した審議会等
　　　□　事業へのボランティア登用

　何か一つは該当するものがあるのではないでしょうか。

　たとえば、アンケート調査は市民の意見を聞き、それを施策に反映させるための市民参加のツールです。課独自でのアンケート調査はないとしても、「首長への手紙」として提出された意見も市民の意見です。

一例として、千葉市では、「市民自治推進のための実施計画」を公表しており、令和2（2020）年度の同計画には387項目の市民参加の取組みが掲げられています。その内訳は次のとおりです。この表からも、**市民参加は広範な分野で行われている取組み**であることがわかります。

■令和2年度千葉市市民自治推進のための実施計画

市民参加の取組み（アンケート、パブリックコメント、公募委員等）	101
協働の取組み（事業協力、共催等）	158
市民の自立的な活動を推進するための取組み（ボランティア情報提供等）	60
市民の意向の把握（対話会等）	7
市民と職員の意識向上と人材育成（ボランティア養成等）	61
合　計	387

◆ 制度化されていない市民参加

　このほか、窓口や電話などで市民から直接意見をもらうことはありませんか。市民からの意見には多種多様なものがありますが、中には建設的な提案もあります。批判から生まれる業務改善もあります。

　これは裏を返せば、**市民の意見を受けて行政が動いたということであり、これも市民参加の一つ**ととらえることができます。

　さらに、これからの人口減少社会に対応するには、定員適正化が進む職員の人員や力量だけでは足りません。市民の力が不可欠です。

　こうして見ると、市民参加は「すべての部署で」また「すべての職員に」必須の知識といえます。これから順を追ってご紹介しますが、**市民参加は、参加者にも、組織としての行政にも、それだけではなく個人としての職員にも効果がある**ものですので、ポジティブに取り組んでいきましょう。

TIPS ●市民参加は、すべての部署で、すべての職員に必須の知識。

❷ 民主主義国家と セットの市民参加

◆ 直接民主制＝直接の市民参加

　市民参加は直接民主制「的」な仕組みですが、選挙に代表される間接民主制を採用している日本において、なぜ必要とされるのでしょうか。

　直接民主制とは、**すべての有権者が集まって、国家や自治体における意思について討議を行い、決定していく制度**です。

　古代ギリシアの都市国家（ポリス）における民会がその典型例です。市民（18歳以上の男子）階級がアゴラと呼ばれる広場に集まり討議し、政治に直接参与していました。また、アメリカ植民地時代におけるニューイングランドではタウンミーティング（住民集会）が行われていました。「樫の木の下のデモクラシー」という言葉に象徴されますが、集落の特定の場所に住民たちが集まり、全員の討論で地域社会の意思を決めました。現代でも、スイスの市町村で住民総会制を採用しているところがあります。

　直接民主制は海外だけの例ということはありません。地方自治法第94条（町村は、条例で、第89条の規定（議会の設置）にかかわらず、議会を置かず、選挙権を有する者の総会を設けることができる。）では町村総会を規定していて、かつて東京都宇津木村等にその例がありました。

　また、直接民主制度であるイニシアティブ（住民発案）、レファレンダム（住民投票）、リコール（解職請求）は、地方自治法等で一部導入されています。

　このように日本でも直接民主制が一部採り入れられてはいますが、古代ギリシアのポリスのように、市民全員が集まり討議するということは現代では困難です。

◆ 間接民主制＝代表者を通じた市民意見の反映

　そこで今の日本では、間接民主制を導入し、**有権者（市民）が代表者（首長や議員）を選び、この代表者に一定の期間、権力を委託して住民の意思を政治に反映**させています。

　ここで、私たち職員を民主的統制という観点から見てみましょう。職員は選挙で選ばれているわけではありません。職員採用試験に合格してはいますが、職務遂行能力があることを証明したに過ぎません。

　民主的統制については、法律で次のように規定されています。

　「前項の職員は、普通地方公共団体の長がこれを任免する。」（地方自治法第172条第2項）

　「職員は、その職務を遂行するに当つて、法令、条例、地方公共団体の規則及び地方公共団体の機関の定める規程に従い、且つ、上司の職務上の命令に忠実に従わなければならない。」（地方公務員法第32条）

　つまり職員は「選挙で選ばれた首長に任じられていること」「選挙で選ばれた議員で構成する議会が議決した条例に従うこと」「究極の上司である首長の命令に従うこと」により民主的統制を受けているといえます。

◆ 市民参加で民主条件を強化する

　問題は、選挙で選ばれた首長や議員とはいえ、これらの代表者に決定権を白紙委任したということではないということです。たとえ選挙で選ばれたとはいえ、全能の者はこの世に存在しません。市民参加などを通じてできるだけきめ細かに有権者の多様な意見を聞き、決定過程をオープンにして課題解決を図る、その上で最終決定権を代表者にゆだねているものであり、これは「**民主条件付き委任**」といえます。

TIPS
　●職員は、超然とした存在ではなく、市民の声に耳を傾けながら行政運営をしていかなければならない。

❸ 行政の限界と 市場の失敗を補う

◆ 公平性・不完全性という行政の限界

　市民参加には、「行政の限界」と「市場の失敗」を補完する役割もあります。行政にも市場にも根幹となる行動原理があり、その影響を受けるため、単独では限界があり、また、失敗してしまうことがあるのです。

　行政は住民から徴収した税金で運営されています。したがって、その使い道は公平でなければなりません。公平性は行政の重要な行動原理の一つです。しかし、この**公平性こそが、個別の状況を抱えた住民から見ると、「冷たい行政」に見えてしまう**ことがあります。

　たとえば、高齢者福祉で考えてみましょう。高齢者介護というサービスを提供するにあたり、利用者の生き方、家族関係、自立志向、家計の状況、残存能力等、一人ひとりの高齢者の差異にどの程度まできめ細かく対応するかが問題となってきます。

　行政は、公平性の原則から、個別の事情に応じることはできません。個別の事情に応じることは偏りです。担当者の私情が入り込む余地を生み、対象者への恣意的な対応が起こりかねません。

　そこで対応の範囲に基準を設ける必要が発生します。よく「基準があるからできません」と説明することがありますが、この含意は「公平性の観点から全納税者の納得が得られるものではないのでできません」ということであり、行政としては間違っていません。しかし、利用者の目には、具体的なニーズに応えてくれない行政のサービスは、冷たく映ります。

　また、行政が設計する制度は、課題が可視化され散見されるようになってから税金で対応すべきかの検討が始まるため、決定するまでに時間を要します。すなわち制度は後追いでできるのが通例です。このため、

現に発生している少数の事例に対応できないという不完全性もあります。これらが「行政の限界」と呼ばれるものです。

◆ 利潤追求という市場の失敗

　ところで、生活上の課題は、民間企業が提供しているサービスを購入することによって解決することもできます。たとえば、十分な資産があれば、数千万円を支払って有料老人ホームに入居することも可能でしょう。しかし、これは高所得者層にしかできません。また、有料老人ホームはどこにでも立地しているわけではなく、民間企業が一定以上の利潤を見込めると経営判断の上、サービスを供給している場所でのみそのサービスを享受することができるものです。このように、**完全市場主義ではサービスが十分には達成できない**ことを「市場の失敗」といいます。

◆ 市民参加は壁を乗り越える

　行政の限界や市場の失敗に対して、ボランティア、NPO等の市民団体は、相手との関係に私情を入れ、そのニーズに即応したサービスを提供しても、不公平だ、などという問題が発生することはありません。

　たとえば、介護保険の対象となるサービスには、制限があります。掃除、洗濯、買い物、通院・外出介助等が対象になる一方で、散歩や趣味のための外出介助、草むしりや花木の水やり、犬の散歩等は対象となりません。介護サービス事業者が有償で行っているところもありますが、それは事業者次第です。

　しかし、これらは、ボランティアでも対応可能であり、ボランティアにとっても健康増進や生きがい創出につながるため、**自助・共助・公助をミックスさせ、社会全体で支え合う構図**が成立します。

TIPS　●市民参加には、行政の限界や市場の失敗を補完する働きがある。

---

④ 用語から市民参加を知ろう ① 「参加」と「協働」

◆「参加」が「協働」になるまでの9段階モデル

「市民参加」と近い言葉に「市民協働」があります。どちらも市民と行政とが協力してまちづくりに取り組むことを指しますが、「参加」と「協働」については、自治体や論者によって定義が異なります。本書では市民の関与の度合いに応じて参加の段階が上がることを用いて、**行政主導の第6段階までを「参加」、それ以上の段階を「協働」**と定義します。

■市民参加と協働のモデル

段階とその内容			主導	名称
第1段階	関心	行政に関心を持ってもらえるよう市民に働きかける	行政	参加
第2段階	知識	一方通行ではあれ、行政の内容を伝える		
第3段階	意見提出	市民から出てくる意見、苦情を聴く		
第4段階	意見と応答	市民と自治体が相互に意見を交換する		
第5段階	審議	自治体側がつくった案について意見を述べ議論する		
第6段階	討議	自治体側の案がなくとも、市民同士で討論し合う		
第7段階	市民立案	市民自らが計画をつくる	市民	協働
第8段階	市民運営	市民が自主的に自治体を管理運営する		
第9段階	市民実行	市民が自主的に実行していく		

※田村明氏の1971年『地方自治通信8月号』、1994年『現代都市読本』、2000年『自治体学入門』のモデルを参考にその後の時代の変化も踏まえて筆者が整理し直したもの

◆「参加」は行政主導で行うまちづくり

　「参加」は第1〜第6段階にあたります。近年、基本構想や行政計画を策定するにあたり、行政側で作成した案のない白紙の状態から市民に参加してもらい、案を作成する取組みが生まれています。第6段階も白紙状態から行う取組みですが、参加の呼びかけは行政が行い、そこで生まれた案を尊重しながらも最終決定は行政（議会または長及びその補助機関）が行うため、「参加」の範疇と整理します。

◆「協働」は市民と対等な関係で行うまちづくり

　第7段階以降は市民が主体です。行政に参加するのではありません。

　ここでの「市民」として、NPO法人をイメージすると理解しやすいでしょう。NPO法人は、これを組織する人々が、何らかの目的を達成するために自主的に結成したものです。この「**固有の目的を持つ主体**」と「**行政**」との対等な関係の間で、**解決すべき課題や達成すべき目標が共有されるときに、両者の「協働」が成立します。**

　ところで、「市民」の代表としてNPO法人を挙げましたが、NPO法人をはじめとするNPO団体やボランティアの特徴には「リアルな住民ニーズを把握していること」「多様なメンバーがいること」「公平性・平等性に縛られない別の論理で動くことができる」といったことがあります。

　これらの特徴は行政が苦手としているものであり、ここに協働のチャンスがあります。**行政と市民双方の強みを持ち寄り、Win-Winの関係で協働する**、これにより、行政だけで担うよりも重層的な政策となります。

　なお、現状、自治体では、参加段階にとどまる事例が多いことから、本書では市民参加を中心に論じていくこととします。

TIPS
- 参加：行政が主導する取組みに市民が参加する活動
- 協働：解決すべき課題や達成すべき目標が共有されるときに、別主体との間で成立する、対等の関係の下で行う活動

⑤ 用語から市民参加を知ろう ②「住民」と「市民」

◆ 先行研究に見る「住民」と「市民」の使い分け

　「住民」が、「市町村の区域内に住所を有する者」（地方自治法第10条）であることは明らかで、一方、市に住所を有する者は「市民」です。それでは、町村に住所を有する者が参加型事業に参加する場合は「町民参加」「村民参加」、県では「県民参加」としか呼べないのでしょうか。

　答えは否です。それは「市民」には、住所に起因するもの以外に別の意味もあるからです。「住民」と「市民」の使い分けについては、様々な説がありますが、次の6点で整理できます。

■「住民」と「市民」の違い

	住　　民	市　　民
地　域　説	特定の地域に住む	住んでいる地域と無関係
意　識　説	地域社会や自治体に対して「抱く」（例：郷土意識）	地域の将来を「考える」（例：市民意識）
運　動　説	行政等へ働きかける	自発的に参加する
主　客　説	「受動的」にかかわる	「主体的」に参加する
常時・随時説	生まれてから死ぬまで	四六時中ではない
能　力　説	識見は無関係	有識有力

　「市民参加」を論じていくにあたって特に関係の深い「地域説」「常時・随時説」「能力説」について詳しくお伝えします。

　「地域説」では次の解説が有名です。「**住民参加：特定の地域に影響を及ぼす問題をめぐる決定過程に当該地域の住民が参加すること。市民参**

加：特定の地域を超えたより広い区域の市民が自発的主体的に政策決定に参加すること」（阿部齊・今村都南雄・寄本勝美他『地方自治の現代用語』学陽書房）。

　実際に、市区町村内に住所を有する者のみならず、在勤・在学者等へ門戸を開いている参加型事業は多く見られるところです。

　次に「常時・随時説」による定義ですが、この違いを示している次の論考には興味深いものがあります。「**われわれは、家庭人・組織人・消費者などであり、社会の分業体系に合わせたあり方を示している**」「**民主政の担い手としてのあり方を『市民』と呼ぶなら、四六時中『市民』であるのではない**」（大森彌『新版 分権改革と地方議会』ぎょうせい）。

　最後に「能力説」による定義です。これは1950年代から60年代のアメリカにおける事業を例に取ります。「住民」として集められた者は、行政事業の対象となる特定地域の住民、社会的地位や識見に期待するところが少なく、一般大衆でした。一方で「市民」として集められた者は、各界を代表する有識有力な市民でした。これを素材に、「**『市民参加』の概念と『住民参加』の概念とは別個の範疇のものであることが明確に確認された**」と分析されています（西尾勝『権力と参加』東京大学出版会）。

◆本書での「市民」「住民」の使い方

　総合すると、「市民」は、自主性・主体性・自立をキーワードとする能動的な存在です。「住民」一人ひとりの中に「市民」的要素が存在し、行政に参加する機会を「住民」に開いておくことにより、「市民」的要素が光り出す「市民的住民」が現れるといえます。

　これを踏まえ、事業に参加している段階で「市民」性を帯びていると考えられること、「住民以外」の在勤・在学者等へも門戸を開いている参加型事業が多く見られることから、本書では「市民」で統一します。

TIPS

● 市民：自主性・主体性・自立をキーワードとする能動的な存在

● 住民：特定の地域に住み、日々暮らす生活者

---

❻ 市民参加の意義は 正当性の確保にある

◆ 専門家でも当事者でもない公務員

専門家や当事者に計画案の作成過程に参加してもらうことで、「専門家・当事者の意見を聞いた上で作成しています」という正当性を付与することができます。

本章❷でお伝えしたように、公務員は、民主的な選考過程を経て選ばれているわけではありません。また、第6章❸で述べますが、市民からの信頼度は、残念ながら国際的に見て低い状況にあります。

加えて、ほとんどの公務員は、専門性を問われずに新規一括採用される「メンバーシップ採用」で入庁しています。異動のたびに、専門分野の知識がほぼない状態で一から仕事を覚える必要があります。

さらに行政サービスを受ける当事者としての感覚がないケースもあります。たとえば障害者福祉の計画策定にあたり、自らが障がい者であれば置かれた状況を経験しているわけですから、その課題を解決する処方箋を自ら書くことができますが、そうでない場合には限界があります。

民主的に選考されたわけではない、専門家でも当事者でもない信頼度の低い公務員が作成する計画が、一般に問題なく受け入れられるものではありません。いくら職務専念義務を果たし、全力を傾注して作ったとしても、努力というものを他人が評価することは困難です。

そんなとき、**市民参加による「正当性」が、強力な担保**となります。

◆ 当事者の設定を誤ると正当性を欠くことになる

ここで、当事者とは誰かについて、少し考えてみましょう。たとえ

ば、障害者福祉の計画を策定するときに、当事者として大切な存在は障がい者です。障がい者を持つ保護者の意見だけを聞いているケースもありますが、保護者が求める障害者サービスと、障がい者自身が望むそれとは、必ずしも同じとは限りません。また、環境関係の計画を策定するにあたり、環境保護団体の考えと地元住民のそれとは異なるかもしれません。当事者を誤ると、正当性の根拠を得るはずが、逆に疑問を呈されることがありますので、注意が必要です。

◆ NINBY には専門家や地元の参加が必須

NINBY（ニンビー）という言葉を聞いたことはありませんか。Not-in-My-Backyardの略で、「うちの裏庭ではお断り」、すなわち総論賛成、各論反対の意味です。たとえば、ごみ処理場や高速道路など、いわゆる「迷惑施設」の立地や建設に際して、自治体内のどこかに設ける必要があるという総論には賛成するものの、自分の近所に建てるのは認めないとする態度のことです。

こうした総論賛成・各論反対の反対運動は、運動中に論点が変容していくといわれています。当初は市民からストレートな反対論が主張されますが、総論賛成（自治体内のどこかには必要）であるがために、緑の保全、大気・騒音といった環境問題や子どもの交通安全といったより高次の論点や、説明手続きが不十分などといった別の価値による反対論へ変わっていきます。そして、完全な環境対策や安全対策というものはないため、どこまで行っても平行線をたどるのです。

NINBYな計画を立てる際には、専門家や地元を巻き込まなければ、合意形成に至ることは甚だ困難でしょう。それでも平行線をたどる場合はステージを変え、**議会が関与するか住民投票を行うなどの方法へ移行し、自治体の総意として決定していく**ことが考えられます。

TIPS ●専門家、当事者の参加は、正当性の確保や施策の推進に不可欠。

❼ 全員参加は難しい!?

◆ 全員参加は革命前夜か動員か

　「市民参加と言ったって、一部の市民の意見を聞いただけじゃないか」。よく聞かれる批判です。しかし、ある自治体やある地域の全員が参加するということは、果たして現実にあり得ることなのでしょうか。

　このことに関して、興味深い発言があります。大井川町まちづくり事業実行委員会の橋立達夫・国土庁地方復興アドバイザーの発言です。

　「まちづくりというのは、住民の0.1％が変わり始めれば、この町で何かが起こったことが見えてくる。１％が変わると、それがかなり話題になって、例えばマスコミの取材が来たりするような状況になる。１割変わったら町中全部変わったように見える。」（大井川町まちづくり事業実行委員会『'98まちづくりシンポジウム報告書』）

　「そもそも全員が政治や行政に関心を持つ世界があるとすれば、それは革命前夜である」と述べる有識者もいます。

　現在の日本が革命前夜の状況にあるとは考えづらいでしょう。革命前夜でない中での全員参加があるとすれば、それは「動員」です。皆さんも職場内で動員を経験したことがあるでしょう。それは自らの自由意思で参加したというよりは、義務感の強いものではなかったでしょうか。

　こうして考えると、市民全員の参加は成立し得ないことに気付きます。

◆ 全員が参加可能な仕組みをつくる

　では、どうすれば冒頭の批判を回避することができるのでしょうか。

　それは、様々な局面で参加の回路を開いておくことです。「参加者を

募集するときには全員へ行きわたる広報手段を使う」「無理なく参加できる日時に開催日時を設定する」「議事録や資料を公表して一般からも意見を受け付ける」「途中からの参加にも配慮する」「中間段階で報告会を開き一般の意見も聞く」こうしたことをしておけば、「私たちとしては常に参加を呼び掛けていましたよ」と答えることができます。

これは、せっかく参加された市民の方々が孤立しないよう守るために、行政として講じておくべき手段でもあります。

このように、**全員参加への回路を開いた上で、ワークショップなどの直接民主制的な参加型事業を行い、そこで決定した中で重要なものは議会の審議を経る**。最終決定権は、市民全体の代表として選出された議員から成る議会に担ってもらうのです。これにより、限りなく全員参加に近い形で合意形成を行ったこととなります。

◆ 市民参加を積極的には求めていない層の参加

ところで、参加型事業に積極的ではない層の意見が聞きたい、ということもあるでしょう。この層へのアプローチ方法の一つとして、応募者を募るのではなく、人口分布等に比例させて無作為抽出で充てた市民に、事業のねらいと無作為であることを明示した上で、参加してもらうよう依頼することがあります。

以前千葉市で基本計画の策定にあたり行った市民ワークショップでは、公募市民10人のほか、住民基本台帳から無作為抽出した60人が参加しています。総勢70人の参加状況は次のとおりです。第1回52人、第2回57人、第3回52人、第4回50人、第5回48人、第6回51人。

このように、自ら応募していない**無作為抽出の市民**も、ほとんどは**断ることなくコンスタントに参加**しています。そして、6回のワークショップを経て取りまとめられた提言は、基本計画に反映されています。

TIPS ●参加が可能な場面を多数用意し、参加の回路を開いておく。

❽ 市民参加と議会との関係

◆「首長」と「議会」の二元的代表制

　市民参加が、行政運営に民意を反映させるためのものである一方で、選挙で選ばれた議員で構成する議会も民意の代表機関です。そこで、行政が市民参加を用いて案を作成すると、「議会軽視だ」という批判が出てくることがあります。

　ここで、地方自治の仕組みを思い出してみましょう。地方自治は選挙で選ばれる「首長」と、同じく選挙で選ばれた議員から成る「議会」とによる二元的代表制となっており、両者はチェック・アンド・バランスの関係にあります。

◆ 首長の補助機関として民意を確認する

　すでに述べたように、たとえ首長とはいえ全能ではなく、「民主条件付き委任」を与えられた存在です。そのため首長には、常に民意との乖離はないかを確認しながら行政運営していく責任があります。

　そして、私たちは、首長の補助機関の職員です。首長を補助し、民意の確認を行いながら仕事を進めていくことは当然のことなのです。**行政として常に自ら民意をチェックする**とともに、**議会からも民意のチェックを受ける**存在でもあるのです。

◆ 議会の特徴は統合力

　一方、議会の持ち味は、複数人で構成された合議体であるということ

です。合議体が持つ地域社会の統合力（地域における意見・利害の相違・対立を調整して合意を形成する能力）を発揮して、市民参加で行政が策定した計画を審議し、**行政と議会とが民意を競い合いながら、より良い在り方を共に検討していく**。これこそが、二元的代表制の下で予定されている健全な地方自治の姿といえるでしょう。

　ただ、市民に選ばれた議員に対して、上のような説明を行うことは現実的には困難ですし、礼を失します。

　「私たち職員は専門家でも当事者でもないので、より効果的な政策を展開するために、専門家や当事者の意見を聞いたまでです」などという姿勢が妥当なところでしょう。

　ところで、「民主条件付き委任」であることは議員・議会も首長と同様であり、支持を失えばリコールの対象です。そこで、民意とのギャップの是正は議員や議会にも求められます。その手段として、公聴会や参考人制度が法定されており、また、議会が主催してタウンミーティングを行う例も出てきています。

◆ 重要な案件は間接民主制で決定する

　前項で「直接民主制的な参加型事業を行い、そこで決定した中の重要な案件は議会の審議を経て最終決定してもらう」ことをお伝えしました。わが国の地方自治制度は、町村総会を除き直接民主制ではありません。市民参加で作成した案は、あくまで直接民主制「的」に作成したものです。仮に参加した市民自身が自治体を代表して最終的に意思決定する、言い換えると直接民主制を採れば、それは憲法違反となります。市民参加は、首長や議会の決定権を「奪う」のではなく、**決定権に「影響力を与える」**取組みなのです。

TIPS
●行政：民意との乖離はないか確認しながら行政運営
↕民意の競い合い↕
●議会：地域社会の統合力を発揮して行政をチェック

◆ コンサルタント起用の理由

　一昔前、基本構想や基本計画を策定する際に、民間シンクタンクに所属し、助言を行うコンサルタントを起用することがよくありました。その理由は、自治体にノウハウがない、見栄えが良いものができるといったところにあります。さらに、内容について外部から問われた際に、「国が言っているので（問題ありません）」と同様、「コンサルが書いているので（問題ありません）」と責任を転嫁できるということもあります。

　しかし、短所もあります。特に、基本構想や計画策定に起用する場合、「○○市基本構想」というカバーが違うだけで、同じコンサルタントが作成したものであれば、どの自治体でも中身はほぼ同じものになってしまうことがあるのです。大同小異でその自治体の個性がない、総花的、言葉が上滑りで結局何が言いたいのかわからないという構想や計画もよく見られます。もちろん費用も何百万円とかかります。市民参加でのコンサルタント起用も同じようなリスクやコストが生じるため、すべての案件をコンサルタントに一任するようなことは避けるべきでしょう。

◆ コンサルタントに使われる？

　さらにコンサルタントを起用する際には、担当者が理想的な働きをしてくれないリスクにも留意しておく必要があります。

　実は、コンサルタントにはランクがあり、自治体の委託額に合わせて派遣されて来るコンサルタントのレベルは変わることがあります。民間企業は自治体より上手です。自治体の足元を見て、新人を送り、実地研

修の機会として利用することもあります。お断りしますが、決して民間企業を批判しているわけではなく、そういう面も見受けられるのです。

　さらに、一人のコンサルタントが抱える顧客は皆さんの自治体だけではありません。通常、複数の案件を掛け持ちしています。コンサルタントは一日の勤務時間のうちの何割を皆さんの自治体の仕事に充てるか、別の言い方をすれば、皆さんの自治体にはどの程度の時間の仕事で許されるか考えています。全力投球してもらえない可能性もあるのです。

　私は、コンサルタントが書いた内容を全面的にリライトせざるを得なかった経験や、期待どおりの結果が得られず、派遣されたコンサルタントを途中で変えてもらったこともあります。しかし、自治体としてはこれでは困ります。残念なコンサルタントが派遣されたら、あくまでも企業との契約ですから、コンサルタントを替えてもらいましょう。

◆ 自治体職員の本分は地に足のついた仕事

　それでは、市民参加にコンサルタントは必要でしょうか。自治体にノウハウがないのであれば、先進事例の情報収集で解決できます。他の自治体における先例はホームページで検索可能です。ホームページでは伺い知れない運営上の工夫は、その自治体に教えてもらえばよいのです。

　また、庁内や参加した市民の中からデザインが得意な方を発掘すれば、手作りでも見栄えの良いものができるのではないでしょうか。

　不格好でも職員が汗を流して、参加した市民と共につくり上げていくプロセス、そこにこそ直接民主制的な市民参加の価値があります。

　コンサルタントが入るべき案件は、自治体に潤沢な予算があるが、職員に余裕がなく、体裁だけ整えたいときにとどめましょう。むろん、信頼できる人を登用できるときはこの限りではありません。ファシリテーターとしての登用の場合もまた事情が変わるため、後に解説します。

TIPS　●コンサルタントの起用は慎重に行う。

コラム 1　コンサルタントの起用

　本文中で、コンサルタントの起用は慎重に、と述べました。

　念のため、コンサルタントがすべて悪いと言っているわけではありません。実際に、プロのコンサルタントは、一般的な知識を備えた上で、その自治体の実情をも把握し、各自治体にカスタマイズした成果を挙げてきます。私は15年前の仕事でそうしたコンサルタントに出会い、今でもお付き合いいただいています。

　15年前、行政評価の庁内普及の担当になったとき、某社と契約を結び、4人のコンサルタントが派遣されてきました。うち1人はカリスマ的な方でしたが、多くの自治体を掛け持ちしているため、基調講義の途中でどこの自治体に来ているのか失念してしまったようで、「御市では」を連発し、どこでも通用する表面的な説明に終始しました。

　全く違う輝きを放っていたのがM氏です。M氏は、千葉市の全事業に関する資料を読み込んだ上で参加されており、課間の壁にはまり込んでいる職員よりも本市の事業を熟知されていました。

　その後、異動した私にM氏との接点はなかったのですが、人生とは不思議なものです。10年後、市町村アカデミーへ教授として派遣となったとき、M氏は人事評価の講師として登壇され、再び出会う機会がありました。市町村アカデミーは、全国の自治体から集まった研修生が宿泊型研修を行う施設ですが、M氏の情熱は研修時間内にとどまらず、時間外においても研修生に熱血指導されていました。それも各自治体の人事評価制度を事前に把握された上での指導でしたので、大変好評な研修でした。

　市町村アカデミーから千葉市への帰任後、突発的にお知恵を借りたい案件が発生しました。他に頼る方が浮かばなかった私は、M氏に電話したところ、M氏は海外出張中でした。普通ならここであきらめるところです。ところが！　M氏は、報酬の用意もないのに、出張からの帰途、スーツケースを携えて成田から千葉市へ足を運んでくれました。

　市民参加もコンサルタントとの関係も、どこまでをウチ（内部）ととらえるかに、何かしら通底するものがあるように思います。

担当者の
心構えとスキル

市民参加型の取組みを成功させるには、担当者の力量が必要です。この章では、担当者が持つべき視点や、必要な能力とその鍛え方を紹介します。

◆ 公務員の気質が市民参加の効果に影響する!?

　ここに興味深い調査結果があります。東京都内の市町村が共同で設置したシンクタンクである(公財)東京市町村自治調査会が2014年に発表した「職員の採用と育成手法に関する調査報告書」で公開された、公務員予備校に通う受験生207人から得たアンケート結果です。

　質問は「あなたが地方公務員を目指した理由はなんですか」というもので、選択肢として次の9つが用意されています。

　　1.社会や地域に貢献したいから　2.身分が安定しているから
　　3.給料が良いから　4.仕事が楽（簡単）そうだから
　　5.仕事が面白そうだから　6.生活とのバランスが確保できそうだから
　　7.親や兄弟、親戚等が公務員だから　8.親に勧められたから　9.その他

　この中で、2番目に多かった選択肢は、「身分が安定しているから」です。偽らざる本音でしょう。私自身の職業選択に際してもこれは重要な要素でした。しかし、安定であることを望んで公務員になった人が、後述するように不安定な運営が強いられがちな、市民参加型事業にポジティブな姿勢でいられるかというと、少し無理があるように思います。安定は、安心→安住へと転化し、現状踏襲に陥りがちだからです。

◆ 市民は十人十色

　一方、参加する市民はバラエティに富んでいます。市民は暇なわけで

はありません。政治・行政の現状に満足している人は、動員でもない限り、参加する必要を見出さないでしょう。**参加する人は、日常生活の中での困りごとや自らの関心事があり、行政に対して一言物申そう、解決策を引き出そうという某かの意図があって参加する**ことでしょう。激しい意図を持った要求型市民も入っているはずです。

◆「想定の範囲内」を増やす

　安定志向の公務員と現状に不満を持つ要求型市民。両者の間に壁があるのは至極当然です。当然のことを怖がってはいけません、予期しておき、「想定の範囲内」にしておくのです。

　さて、未体験のことを想定の範囲内としておく、または、既知の事実を増やして未知のことを極小化しておくためにはどうすればよいでしょうか。皆さん、受験の経験をお持ちだと思いますが、ほとんどの方は志望校の本試験の前に模擬試験を受けているはずです。つまり、あらかじめ別の機会に経験しておき、本番をその追体験とすれば、自信を持って臨める、または、数少ない未知のことに注力できるはずなのです。

　想定の範囲を増やすには、**他自治体の市民参加を見て体験する**とよいでしょう。私は、ある自治体が、事務局案なしの白紙段階から市民参加で行った、条例を制定するための検討会をウォッチングしたことがあり、これが大きな強みになっています。事務局を担う担当課にあらかじめ身分と意図を明らかにして、ウォッチングさせていただきました。

　このような手続きを経ずとも、一般に公開しているものもあるでしょう。百聞は一見に如かず、他の取組みをウォッチングすることをお勧めします。また、このような機会が得られずとも、皆さんの中で「想定の範囲内」にできるよう、本章では実例を交えながら詳述していきます。

TIPS　●「想定の範囲内」を増やし、自信をもって臨む。

❷ 市民参加は 目的ではなく手段

◆ 目的と手段の取違えに要注意

　行政が陥りがちな誤りの一つに、目的と手段とを取り違えるということがあります。

　たとえば、幅広く市民の環境保護意識を高めるための講演会があるとしましょう。これ自体に問題があるわけではありません。しかし、参加者を見れば元々環境保護に関心のある人がほとんどで、配布したチラシもごみ箱に捨てられている、としたらどうでしょう。目的を達していないばかりか、環境保護に逆行しています。

　この例の場合、「環境保護講演会を毎年度開催する」ことは本来手段であるにもかかわらず、目的化してしまっているのです。「環境保護意識を高める」という目的を達成するための手段はいろいろあるはずで、長短を比較した上でその中の最上策を採ればよいのです。

　検討の結果、最上策が「講演会開催」という手段となったとすれば、環境保護意識が元々高い人ではなく、意識が低い人を呼び込むにはどうすればよいか、チラシはそもそも必要不可欠なのかを検討すべきです。

　検討の上、目的を達成するための手段としてチラシが必要であるとするならば、目的を果たすための工夫として繰り返し見てもらえたり、同居する家族にも伝えようという意識が芽生えたりする、すなわち持ち帰る価値のあるチラシにするにはどうすればよいかを検討すべきです。

　繰返しになりますが、参加者の意識を変え、行動変容を起こすことが直接的な目的、そして、この行動変容により、環境を保護することが最終目的なのです。

> 目的：環境保護意識を高め、行動変容を起こす
> 手段：広く一般市民を対象とする講演会を開催する
> 　　　講演会において訴求力のあるチラシを配布する

◆ 目的は市民視点に根差した地域課題の解決

　市民参加に話を戻すと、市民参加は「目的」ではありません。市民視点に根差した、または、市民力を活かした地域課題の解決こそが目的のはずであり、市民参加はそのための「手段」です。**市民参加型事業を行うことにより、具体的にどのような地域課題を解決したいのか、目的の明確化が必要**です。このゴール設定がなされないと、ずるずると冗長な集まりが重なり、ついには何のためにやっているのかわからなくなり、方向性を見失います。

　まずは行政として「参加型事業を行う目的」＝「行政側の意図」は何かということが、明確になっているか確認しましょう。

■市民参加型事業の意図

事　業	意　図
行政計画案の作成	市民の意見を反映した行政運営を行う
ワークショップ	市民の意見を反映した行政運営を行う
イベントボランティア	イベントを円滑に実施する
通訳ボランティア	日本語が話せない人の困りごと解決を支援する
福祉ボランティア	高齢者・障がい者等の困りごと解決を支援する
ごみ拾いボランティア	良好な生活環境が維持される
登下校の見守り	児童生徒が安全に登下校できる

TIPS ●行政側の意図の明確化が第一歩。

❸ 行政と市民の意図が合致するものを発見する

◆ 市民の意図は何か

　行政側の意図が明確化できたなら、これが市民側の意図と合致する可能性を検討します。

　行政の意図と市民の意図とが合致するところにこそ、参加型事業が成立します。換言すれば、市民の意図と合致しなければ、市民参加型事業は成り立ちません。

■行政と市民の意図の比較の例

事　業	行政の意図	市民の意図
行政計画案の作成	市民の意見を反映した行政運営を行う	自分の考えを行政運営に生かしてほしい
ワークショップ	市民の意見を反映した行政運営を行う	自分の考えを行政運営に生かしてほしい
イベントボランティア	イベントを円滑に実施する	自分が関心のあるイベントの運営に参加したい
通訳ボランティア	日本語が話せない人の困りごと解決を支援する	自分のスキルを生かして困っている人を助けたい
福祉ボランティア	高齢者・障がい者等の困りごと解決を支援する	自分のスキルを生かして困っている人を助けたい
ごみ拾いボランティア	良好な生活環境が維持される	自分が住むまちをきれいにしたい
登下校の見守り	児童生徒が安全に登下校できる	子どもたちと接することで生きがいを得ながら地域安全に貢献したい

◆ 市民の意図は自分起点

　左の表で「市民の意図」を改めて確認しましょう。「○○してほしい」「○○したい」など「自分」起点の意図です。「ボランティア（volunteer）」は、voluntary（自発的な、任意の）に起因すると聞いたことはありませんか。自分としての関心がないことや満足が得られないことに、人は誰しも参加しません。自分の時間を使って報酬がなくても自前で動くのは、某かの事態を放っておけない、我慢できないだけでなく、それをやることに生きがいや楽しさを見出すからです。

　そして「自分起点の活動」が「行政側の意図」と合致するとき、そこに公共に資することがあるのです。**自分のために始めたことが、地域全体や他の誰かのためになることもある**、ここがポイントであり、左ページで例示したような各々の意図を持つ市民とともに、地域課題を発見、共有し、解決していくのです。

◆ 市民参加は滅私奉公ではない

　ボランティア活動の類義語として「奉仕活動」があります。「奉」は訓読みすると「たてまつ（る）」であり、何らかの権威者に差し上げる、献上することを意味する謙譲語です。また、「仕」は「つか（える）」で、主人・主君のために働く、奉公することを意味します。すなわち、奉仕の相手方は上位者となり、対等な関係とはいえません。さらに、自発的ではなく、強制的な場合もあります。

　市民参加は、市民が自らの意思を封印して行う「滅私奉公」ではありません。私達は、職員であるとともに、一人の市民でもあります。複眼的に眺め、滅私奉公を強いてはいないか、くれぐれも注意が必要です。

TIPS ●自分起点の市民の意図と行政側の意図との
　　　　クロスポイントを見つける。

❹ 調整力は担当者必須の力

◆ 自治体の縦系統の組織構造には限界がある

　私たち公務員は、首長―副首長―部長―課長―係長―係員といった上意下達の官僚組織の一員で、縦系統での仕事の仕方に慣れています。

　しかし、市民参加の「現場」では、こう単純にはいきません。部署をまたいだ横系統での仕事が必要になります。

　参加する市民の思いは、日常生活の中での困りごとや自らの関心事に根差し、行政に対して一言物申そう、解決策を引き出そうというものです。市民は、「この参加型事業の担当は○○課だから、それ以外のことは所管外なので質問を控えよう」とは思いません。「市役所（町役場、村役場）が来た」と思って参加します。その結果、自分が所属する係や課の所掌事務の範疇を超えた意見や要望も出てきます。

　このときの対応を市民はよく見ています。「所管が違うので」では紛糾し、「所管を呼んで来い」となります。とはいえ、どのような意見や要望が出るかわからないので、あらかじめ全課を呼んでおくことは不可能です。

　また、係長と係員とで市民参加の「現場」に行ったところ、その課の所掌事務ではあるものの新たな判断を求められることがあります。このときに「課長に聞かなければならないので、今すぐに回答はできません」では、「課長を呼んで来い」となります。呼ばれたところで、課長もすぐには判断できかねる案件もあることでしょう。検討する時間が必要です。

◆ 誠実に横へつなぐ調整力

　すぐに市民の疑問に回答できないときは、言質を取らせずに**ポジティ**

ブに答えることが必要です。

　まずは相手の気持ちに寄り添った後で、メインとなる回答をします。

「なるほど、おっしゃることは理解しました」

「ただ、私たちは所管外なので、所管に伝えます」

「上司の判断を仰ぐ必要があるので、持ち帰って検討させてください」

　重要なことは、これを逃げ口上とするのではなく、**誠実に対応する**ことです。参加した市民の思いを、横へ横へとつないでいくのです。持ち帰って実際に所管へ伝え、所管の前向きな回答を引き出したり、熱意をもって上司を説得して判断を引き出したりする皆さんの調整力が試されます。調整力については、前足立区教育長である定野司氏の『合意を生み出す！　公務員の調整術』（学陽書房）に詳述されているので、参考にしてください。

◆ 現場に一定の裁量を与える

　調整が無事に済んで、次回、前向きな回答ができたとき、また、前向きな回答ではなかったとしても、質問した市民が納得できるような理由が示されたとき、あなたは市民から評価を受け、一緒に課題に取り組む仲間と映ることでしょう。

　このことに関連して外国との交渉官の興味深いエピソードがあります。外国との交渉の中で、全権委任がなされていない交渉官だと、予期せぬ課題を突き付けられる度に「本国に確認します」と中断してしまい何も決められず、結局、本国と交渉官の権威が失墜するというものです。

　市民参加の「現場」でこのようなことを避けるためには、上司が**参加する職員に一定の裁量を認めておく**ことが有効といえます。

TIPS　◉「所管が違うので」はNG！　相手の気持ちに寄り添った調整を。

◆白紙段階からの市民参加には時間がかかる

　あなたは、ある計画策定にあたって実施する市民参加型事業の担当者となりました。これは、行政側で作成した案に対して市民の意見を求めるものではなく、行政側の案のない白紙段階からの市民参加で作成していこうという取組みです。

　さて、案ができるまでにどれくらいの期間がかかると思いますか。

　私がウォッチングしたある事例では、2年余りを要しました。他の事例でも、1年2か月（たかさき市民参加推進会議）、2年（みたか市民プラン21会議）を要しています。

　特に一から何かを決める事業の場合、このくらい長い期間がかかる可能性があることを想定しておかなければなりません。

◆ 紛糾場面の実況中継

　行政としては、1年度のうちにゴールまでもっていきたいと考えるのが一般的でしょう。しかし、行政主導で無理矢理速く進めることを誘導すると、紛糾することがあります。

　たとえば、次に述べる展開が予想されます。これは私がウォッチングした実際の事例です。

　その自治体では、市民参加で条例を制定することを公約に掲げた新市長が当選しました。そこで、その公約を実現するために市民で構成する検討会が設置されました。行政からの呼掛けに応じ、検討会には市民数十人が集まりました。

第1回目の検討会は、行政からの趣旨説明でスタートしたのですが、この中にスケジュール案が入っていました。市長が当選したその年度のうちに制定までもっていくという案で、行政の立場でウォッチングしていた私としては当然のものととらえて見ていました。

　これに対し、参加者から次の指摘が出ました。

　「事務局案なしの白紙状態から市民参加で条例をつくるという取組みに期待して来たのに、**スケジュール案が事務局から示されるとは何事か**、しかも1年間でできると考えているとはどういう認識か」

　事務局からは、「あくまでも一案として示したもの」との回答がなされはしましたが、これを皮切りに大炎上したのです。

◆ 短期戦ではボタンの掛違いが起こる

　附属機関の運営において、シナリオを作成することやスケジュール案を示すことは一般的なことでしょう。むしろ、スケジュールを示さない場合、委員から「結論はいつまでに出せばよいですか」といった質問が出ることが予想されます。

　しかし、新市長の下での新たな取組みに期待して集まった市民から見れば、**行政のお膳立ての上で体よく踊らされるかのように見えたの**でしょう。このように波乱のスタートを切った検討会は隔週ごとに開催されましたが、その後3か月間はこの溝が埋まることはありませんでした。

　スケジュールのほか、モデルとなる先例の提示、コーディネートをお願いする有識者の提示は、行政主導色が濃く映るため、炎上する可能性があります。これらの炎上しやすいテーマについては関係性ができてから提示する等、留意が必要です。

TIPS　●白紙段階からの市民参加型事業の運営は、予定調和的な附属機関の運営とは異なる。

❻ 長期化に対応するための スケジュール管理

◆ 参加型事業の展開４ステップ

　白紙状態で市民参加によって案ができるまでに要するとみるべき期間は、１年２か月、２年、２年余り、３年という研究者もいます。１年間で拙速にやろうとすると「行政のアリバイづくりか」と誤解を受けます。**民主主義には時間がかかる**のです。２、３年ぐらいかかるとあらかじめ認識し、どっしりと腰を落ち着けて取り組みましょう。参加型事業は順風満帆に進むわけではなく、波乱のドラマがあります。

　しかしこれは、一定の法則性をもっています。これをあらかじめ認識していると話合いを進める時期などがわかり、円滑に進めていくことができます。多くの先行研究では、次の４段階が展開されています。

　　①形成期　→　②混乱期　→　③秩序期　→　④機能期

　①の形成期は募集の段階です。

　実際に始めると、対立したり話合いが紛糾したりする②の混乱期は必ず訪れます。皆、日常生活の中での困りごとや自らの関心事といった、言いたいことを持って集まってきているのです。行政と市民、いわば「立場」と「立場」の化学反応であり、**対立は市民参加の出発点です**。

　３か月から半年が経過すると、この状態を脱するときが必ず訪れます。それが③の秩序期です。「立場」しか見えていなかったものが、人間関係ができるとともに、エネルギーを要する対立に、疲れてきてしまうからでもあります。「そろそろ次の段階へ行こうよ」「ゴールへ向けて進めようよ」という雰囲気や声掛けが生まれます。

行政としては、思うような結果が出ないとき、焦りがちな気持ちになることはもちろん理解できます。しかし、秩序ができた後、生産的な活動ができる④の機能期に入ります。最終的にできた案は、行政があらかじめ想定していた案と、実はそう変わらなかったりするものです。混乱期や長期化はその結論に至るための儀式のようなものです。

　混乱期は「予定どおり」「想定の範囲内」と達観して乗り越えましょう。秩序期、機能期の進行のポイントは次章で詳述することとします。

◆ 紛糾の後に雰囲気が変わる

　前項の事例で紛糾を見せた検討会ですが、3か月を過ぎるころから、徐々にではありますが、雰囲気に変化が見られるようになってきました。「行政VS市民」という対立の構造から脱却し、混乱期に終わりが見えてきたのです。何が起こったのでしょうか。

　まず、3か月もたてば互いに顔の見える関係となってきます。「○○課の係長」「○○課の担当者」ではなく、「Aさん」「Bさん」と名前で呼ばれるようになってきます。行政としても、相手は「数十人の市民」で、顔と名前とが一致しない、いわばのっぺらぼうの状態から、「□□に住むCさん」「△△な性格のDさん」と属性や個性がわかってくるものです。こうなると雑談もできるようになってきます。

　次に、3か月間議論を重ねてきた中で、市民という「立場」と行政という「立場」、それぞれで**立場は異なれども、共にわがまちをより良くしたいという「思い」は同じである**ことが理解できるようになってきます。

　さらに、参加者の中から世話役が現れ、行政も紛糾の火柱となった期限1年という当初のスケジュール案を明確に撤回しました。結局、この検討会は2年余りかかったのですが、最後は検討会と市との合同による全市民を対象とした報告会の開催へと至ることができました。

TIPS ●混乱期は必ず訪れるが、明けない夜はない。

❼ セルフマネジメント力で 見通しを明るくする

◆ 先例を研究しておとしどころを見極める

　これまで述べてきたように、参加型事業は行政の思惑どおりには進みません。むしろそれが当然なのです。

　しかし、振り回されるばかりでは職員も疲弊してしまいます。また、課題が発生してから後手後手で対応する姿は、市民から見て行政の専門家としての職員への不信感を招きます。ここが微妙なところです。

　はじめから事務局案を示すのでもなく、行き当たりばったりのノー・プランでもない。事務局としての考えを実は持ちつつ、市民側から情報提供やアドバイスを求められたら（機が熟したら）そっと「一案」として提示する、このぐらいの距離感で臨むことが有効です。

　そのためには、担当となったら先例等を研究し、おとしどころを見極めておくことが必要です。先例を知り、おとしどころを先取りしておけば、運営にあたって今後発生することや今後取りまとめるべき内容が想定の範囲内のものとなります。**想定できるということはマネジメントできるようになるということ**です。

　おとしどころを見極めるにあたっては、自らが描いた案について上司の同意を得ておきましょう。上司も完全にコントロールできるわけではない市民参加型事業の行く末が気になっているはずです。上司とのすり合わせにより、方向性を誤る恐れがなくなります。

　この「上司を巻き込んでおくこと」もマネジメントの一つなのです。**おとしどころがオーソライズされていれば、その範囲内のことは自信を持って答えられる**ようになり、これから実施する取組みへの覚悟ができます。

◆ 夜間・休日の出勤にムリなく対応できるようにする

　ところで、参加する市民には、仕事や学校など日々の生活があります。このことを踏まえると、夜間や休日の開催となることも予想されます。やむを得ないことであり、これも想定の範囲内としましょう。

　しかし、その一方で、昼間も通常勤務のままだと過重労働となる恐れがあります。勤務シフトを選択できる自治体であれば、上司と相談の上、午後からの勤務シフトを選択するなどして、労働条件をセルフマネジメントしましょう。

　たとえば、福岡市では、自治協議会等を担当する区役所地域支援課地域支援係に、次の4種類の勤務シフトを用意しています。

　　A：8時45分から17時30分まで
　　B：9時15分から18時まで
　　C：11時15分から20時まで
　　D：12時15分から21時まで

　こうした勤務シフトが導入されていない自治体もありますが、ワーク・ライフ・バランスの実現はどの自治体でも課題です。さらに、通常勤務後に時間外勤務として参加型事業に従事することは、人件費の増大ともなるため、人事部門としてもその削減が課題のはずです。他の自治体における先例をもって人事部門と協議し、勤務シフトの選択ができるよう制度改正を促しましょう。

　市民参加型事業に限らず、セルフマネジメントにより先を見通すことができる人は、将来展望をデザインできる人なのです。

TIPS　●セルフマネジメントを機能させ、
　　　　　少し余裕を持った運営を目指す。

❽ 関係構築のために 参加者の動機をおさえる

◆ 参加動機の把握で行動原理を知る

　皆さんは人間関係を構築するのが得意でしょうか。もし、苦手であっても、市民参加担当となったらそれに取り組まなければなりません。

　ここでは、市民との関係を構築していくために、行政の行動原理と相反する市民の行動原理をおさえておきましょう。そうすれば関係づくりが円滑になります。3つの地域で、市民参加型事業に参加した市民を対象にアンケート調査を実施したことがあります。設問の1つが、「参加した動機」を問うもので、結果は次のとおりでした。

	秋田県鷹巣町(当時)	東京都三鷹市	神奈川県川崎市幸区
1位	「わがまち」をより良くしたかった	「わがまち」をより良くしたかった	「わがまち」をより良くしたかった
2位	視野を広げたかった	行政に参画したかった	行政に参画したかった
3位	その他	視野を広げたかった	他人の役に立ちたかった
4位	他人の役に立ちたかった	その他	友人・知人の誘いに応じて
5位	行政に参画したかった	友人・知人の誘いに応じて	その他

◆ 参加した動機は公的なものと私的なものとのミックス

　1位は「『わがまち』をより良くしたかった」であり、これはすべての地域において共通しています。「行政に参画したかった」という回答

も多くなっています。「その他」の中には次の回答がありました。

- 今の状況が少しでも良くなるのならいいと思って
- 自分の困った状況を改善するため
- 自分の家庭がより良く生活できるように
- いろいろな当事者の代弁者として行政に発言する
- 障がい者の側から要望を行政へ伝えたかった
- 全く初めから市民でつくることに意欲を持った
- 地方行革を推進する市政に対する批判と市民の要望を進めるため

　市民がこうした純粋な思いを持って参加することをあらかじめ理解した上で、その思いを述べてもらい、受け止める。ここから関係づくりが始まります。法令に則り効率良く仕事を進めていくことに慣れ親しんでいる身からすると、とても迂遠に感じるかもしれません。しかし、面倒だと思ってはいけません。**市民参加型事業では「遠回りなもの」を好む姿勢こそが大切**です。スケジュール管理について、2年間から3年間はかかることを覚悟すべきだと述べたのは、こうした趣旨も含みます。

◆ 地域で生きる一員として

　市民との関係構築に関連して、かつて地方公務員制度調査研究会がまとめた報告書「地方自治・新時代の地方公務員制度」（1999年）には、次の記述があります。「地方公務員も地域で生きる一員として、住民とともに地域の問題を語り合い、考え、解決に努力する人間であることが望まれている。言い換えれば、専門性、創造性と並んで、あるいはそれ以上に、協働性ひいては、豊かな人間性やコミュニケーション能力が要求される。」

　とはいえ、関係づくりが苦手という方もいるでしょう。市民参加で身につけた関係構築力は、この先の公務員人生でも、ずっと役に立ちます。関係構築のコツは第5章で詳しく述べますので参考にしてください。

TIPS ●思いを受け止め、遠回りを楽しむ中から
　関係が構築される。

ファシリテーション力で意見交換を促進する

◆ ファシリテーターの本分

　それぞれ異なる日常生活の中での困りごとや関心事があって始まる市民参加ですから、市民参加には、ファシリテーションが必要不可欠です。ファシリテーションとは、「物事を円滑に進めるために促すこと」で、ファシリテーターとはその「促進者」のことです。ファシリテーターは、参加者同士による自由平等・創造的な意見交換という行動を喚起していく存在であり、一定の方向へと議論をリードしていく存在ではありません。自分の意見を控え、無色透明・公正中立を旨とします。

◆ 職員の立場とファシリテーターとしての立場との矛盾

　しかし、職員には、市民参加型事業を通じてかなえたい、またはかなえなければならない何らかの意図があるはずです。ここに矛盾が生じます。
　つまり、職員がファシリテーターを担うということは、「何らかの方向へと事業を推進する」ミッションの当事者であると同時に、「公正な審判者」としての立場を兼ねることとなります。三権分立でいえば行政と司法とを兼務することであり、検察官兼裁判官となることを意味します。担当者がいかに細心の注意を払っても、**立場の二重性が、参加者の不信や誤解の種となってしまう**可能性は、拭い去れません。
　さらに、ワークショップ中に想定外の意見が出てくることがあります。これは、ワークショップの効果として歓迎されることですが、中には、円滑な進行を望む人もいます。想定外の出来事に固まる担当者へヤジの一つでも飛ばそうとなり、担当者はますます委縮してしまいます。

◆ プロの登用も視野に入れる

　そこで、第三者化することで立場の二重性が解消されます。ファシリテーターには熟練したプロを充てるほうが望ましいでしょう。経験豊富なプロですから想定外の事項にも円滑に対処することができるはずです。ワークショップ終了後にまで職員が私怨を受けることもありません。

　たとえば、日本ファシリテーション協会のようなNPO法人があります。他にも、まちづくりのNPO、コンサルタント、大学教授等候補者は存在します。**プロにゆだねられるものはプロにゆだねましょう。**

　ただし、ファシリテーターそのものはゆだねても、担当者としてファシリテーション力は必要です。一般にワークショップの際にはグループワークを行いますが、その際、担当者としても各テーブルを回ることがあるでしょう。その際、参加者から質問を受け、「それは先生に聞いてください」では済みません。「行政は外部ファシリテーターに丸投げか」と不信感を芽生えさせてしまいます。

　このため、**職員個人もファシリテーション力を高めておくことが望ましいでしょう。**ファシリテーション研修があれば受講しましょう。研修がなくとも、ビジネス書を読むという手もあります。一例として、（一社）会議ファシリテーター普及協会代表理事・釘山健一氏の『公務員の会議　ファシリテーションの教科書』（学陽書房）があります。さらに、実際にファシリテーションを体験した職員の知見などは、『月刊ガバナンス』（ぎょうせい）の2021年3月号までの加留部貴行氏の連載「ファシリテーションdeコミュニケーション」で得ることができます。

　一方で、顔の見える比較的小さなコミュニティで、職員が参加者から十分な信頼を得ている場合は、外部化せずとも成果が期待できます。むしろ、より一層行政への信頼が増すチャンスとなるかもしれません。

TIPS ●ファシリテーターを誰が担うのが最適か、
　　　　十分な検討を行う。

⑩ 先例で疑似体験をしておく

◆ 百聞は一見に如かず

　皆さんにとっては初めての市民参加型事業ですが、その事業が全国に先駆けて行うほどのレベルであるということは、実はそう多くはありません。

　全国には47の都道府県、1741の市区町村があります。この中に、きっと類似の取組みを行った自治体があります。すでに先進的な取組みを行った自治体は、社会実験に取り組んだという見方もできます。多くの自治体ではホームページ等でその実験結果を公表しています。したがって、後進の自治体は、先例における成功例、失敗例から学び取ることができるのです。ぜひ類似の先例から学びましょう。

　さて、研究方法ですが、百聞は一見に如かず、ライブで見ることがベストです。こうした機会をちょうどほしいときに得ることができればそれに越したことはありません。しかし、自分の市民参加の取組みが始まってから他の取組みのウォッチングを始めると、現在進行形で並行していることとなるため先行きを見通すことができず、また、自らが担当する取組みのほうが先行してしまうかもしれません。**平時からウォッチングしてウォーミングアップしておくことをお勧めします。**

◆ 記録から社会実験の結果を学ぶ

　とはいえ、市民参加担当になってから課題にぶつかり、あわててしまうことが現実でしょう。そこで、本や他自治体の報告書からすでに終了した取組みを追体験するとよいでしょう。

■市民参加型事業のプロセスを追体験できる参考書

『市民会議と地域創造　市民が変わり行政が変わると地域も変わる！』

　高崎経済大学の佐藤徹教授（公共政策論）執筆。佐藤教授は、大阪府豊中市職員から研究者へ転向された方で、市職員時代に市民参加型事業を経験されています。このため、実践に裏打ちされた理論は、私たち職員にとって理解しやすく、共感を呼ぶものとなっています。

　「たかさき市民参加推進会議」という群馬県高崎市の405日の軌跡と実践を約90ページにわたり取り上げています。この中に、取組みを円滑に進めるための数々の工夫が紹介されています。通常こうした知見は、自らが経験した後でなければ得ることができないものであり、また、必ずしも記録に残されないため貴重です。

『みたか市民プラン21会議活動報告書「こんな三鷹にしたい」』

　市民参加による事務局案のない白紙段階からの基本構想・基本計画策定のために設けられた「みたか市民プラン21会議」に、人数制限を設けない「完全公募」で集まったメンバーは375人にも上ります。773回の会議を重ね、約2年間にわたる歳月をかけた活動の記録であり、この取組みは、日本計画行政学会から「計画賞」の優秀賞を受賞しています。

　同会議の共同代表であった清原慶子・東京工科大学教授（当時）は、2003年に三鷹市長に当選、4期16年務めた後、現在は杏林大学客員教授、ルーテル学院大学学事顧問・客員教授に転じていますが、氏がまとめた『三鷹が創る「自治体新時代」——21世紀をひらく政策のかたち』（ぎょうせい）も参考になります。

　自治体においては、実践と理論の往復活動が大切です。実践だけではポリシーのない行き当たりばったりの展開となってしまいます。理論だけでは現実の行政課題は解決しません。理論に裏打ちされた実践ごと、成果を上げる可能性を高くするのです。

TIPS ◉疑似体験で「想定の範囲内」を増やしておく。

原体験

　私が市民参加の有効性を認識するに至った経験をお話しします。

　私は、2002・2003年度に千葉大学大学院へ研修派遣となりました。大学院での指導教官は、東京大学を定年退官後、千葉大学へ移籍された大森彌先生でした。

　2003年1月、大森先生は雪の秋田県鷹巣町（当時）へ連れて行ってくださいました。当時の鷹巣町は、読売新聞社が実施した「分権時代の地方自治」アンケートで、全国3287（当時）の自治体中、8位を受賞するまちづくりの目標となる自治体でした。

　1991年に初当選した岩川徹町長（当時）は、市民の合意形成を根底に据えた福祉政策を目指し、市民からなる福祉のまちづくりワーキンググループを発足させていました。大森先生のお取り計らいにより、福祉のまちづくりワーキンググループ代表者会議への同席がかないました。それは、私にとって初めての「生」の現場でした。

　そこでは、行政に対する「要求」ではなく、「自分たちで何ができるか」が真剣に話し合われていました。雪の散らつく夜、仕事や家事を終えてから「わがまち」を「わがこと」として考え、完全無償で集まるメンバーの姿に、多くを学ばせていただきました。

　また、大森先生の奥様である章子さんと共に、ワーキンググループとの合意を経て実現した全国トップクラスの福祉施設を視察したことも、貴重な経験となりました。

　「わがまち」を「わがこと」として考え活動するワーキンググループの盛り上がりや効果を知ったこの経験は、私だけでなく、全国の自治体職員に広がる展開を見せます。私は、2003年11月に幕張で開催することとなった関東自治体学フォーラムの分科会の1つを担当し、テーマを「協働第2章」と定めました。当時喧伝されていた「協働」について、立ち止まって考えてみるためです。コーディネーターの千葉大学・関谷昇教授とともに招聘したパネリストの一人が、ワーキンググループメンバーの松橋雅子さんです。全国からの注目を集める同町の取組みに、参加者も多くの気付きを得た様子でした。

市民参加の
進行のポイント

話合いの場では、意見の対立が生じたり、市民から意見が出なかったりするなど、進行が滞ることもあります。本章では進行の注意点やテクニックを紹介します。

❶ 情報提供とプランニング

◆ 情報の非対称性があることを意識する

これから市民参加型事業を進めるにあたって、自治体職員が意識する必要があることの一つに、「情報の非対称性」があります。私たちは、自らの自治体における今後の人口予測、財政見通し、一人当たり市債残高といった情報を持っており、それらを前提としています。

しかし、市民はこれらの情報を必ずしも知っているわけではありません。この結果、財源の裏付けや法令の限界を踏まえていない、実現可能性に乏しく際限のない要求が出てくる可能性があります。

◆ 政策要求と政策提案

市民参加で出てくる意見は、次の2つに分類できます。それは、「政策要求」と「政策提案」です。前者は、単に某かの行政サービスの実施を求めるもので、実現方法・プロセスは行政にゆだねられていますが、ときに予算等の制約が考慮されない自由な要求となります。一方後者は、提案内容が具体的で実現可能性があるとともに、その政策を実現する方法やプロセスもある程度想定されているものをいいます。市民参加型事業で行政側が得たい成果がいずれかは、自明のことでしょう。

しかし、公務員でない市民が、人口予測、財政見通し、一人当たり市債残高等の情報に、絶えず気を留めることは期待できず、情報を認識していないで行政サービスを要求することが現実です。市民が無知なのではありません。**情報を適宜わかりやすく伝えることは、行政側の責任**なのです。

◆ 情報提供方法の工夫

　しかし、難しいのは情報の伝え方です。市民は、日常生活の中での困りごとや自らの関心事があり参加しています。つまり、意欲は十分持っているわけです。この意欲をそぎ、反発を買う伝え方ではいけません。

　募集段階や第1回目の早い段階で、「本市の現状と展望」などと題し、人口予測や財政状況などの事実を淡々と伝えます。参加する市民は意識の高い方です。きちんと説明すれば現状を理解してもらえるはずです。

　現状の把握ができてこそ実効性ある具体案に結び付きます。同時に、市民の「気楽さ」払拭にも功を奏します。

　実例を挙げます。岩手県矢巾町では、水道事業の在り方を議論する際に市民参加を採り入れました。市民は当初、水道料金の値上げに反対する立場でした。しかし、町はインフラ維持にかかるコスト等の情報を十分提供し、参加者の中に若者も加え、将来世代の視点をも採り入れて議論したところ、**現世代が次世代に過度の負担を負わせてはならないと、市民自ら水道料金の値上げを決定する結論**に至っています。

　私も情報提供でうまくいった経験があります。ある事業に関心のある団体が意見交換したいと来庁しました。せっかくわざわざお越しになったので、まずは質問を受け、思いの丈を述べてもらいました。ひとしきりのやり取りを行い落ち着いたところで、私は口火を切りました。内容は市の現状で、今後人口減少へと転じること、これに伴い税収減を見込んでいること、市民一人当たり市債残高がいくらあるかということ、さらに、こうした状況下では、「あれもこれも」実現することは不可能であり、「あれかこれか」選択していかなければならないことなどを述べました。元々、この事業に関心のある方々です。ボランティアとしての協力の声も出ました。今後の展開が楽しみです。

TIPS　　●政策提案を得るには情報提供が肝心。

---

❷ 代表者を選ぶための 方法３パターン

◆ ベテランを登用する

公募で集まった市民ですから、はじめはお互いを知りません。回を重ねていく中でお互いを知り、自ずと進行役、書記役といった役割分担がなされるのが望ましいでしょう。

最も避けるべきことは、代表者を行政側で選定してしまうことです。恣意的だとの批判は免れず、このような批判が出てしまうと、内諾を得ていた候補者にも迷惑をかけてしまいます。一方で、いつまでも代表者や進行役が決まらないと、せっかくの活動の生産性が上がりません。

行政としては少し様子を見て、市民間で内発的に役割分担がなされず、一部の参加者から「行政に仕切ってほしい」という含意のヘルプアイが飛んでくるようになったら、役割分担を促しましょう。

まずは、「皆さんで選出してください」とゆだねるべきでしょう。しかし、奥ゆかしく敬遠し合うことも想定されます。

こうした場合、客観的に他の参加者から納得されやすい「経験者」へ投げかけることが考えられます。

市民参加型事業に参加した市民を対象に実施したアンケート調査では、参加者の中には、自治会・町内会等役員、NPO関係者、審議会等附属機関の委員といった公益的活動の経験者が入っている場合が少なくないという結果が出ています。

こうした公益的活動の経験が全くない方に代表や進行をゆだねることは、塩梅がわからずなかなかしんどいものとなります。**参加する市民の属性を、応募があった段階で、または初顔合わせの自己紹介のときにフリートークの中で把握し、キーパーソンを見極めておきましょう。**その

上で、すでに自己紹介は済んでいるはずですから、「○○自治会長を経験されているＡさん、いかがですか」などと強引にではなく自然に投げかけることが、譲り合って停滞している雰囲気を打破します。

◆ 新規開拓で掘り起こす

参加者の中には、自治会・町内会等役員、NPO関係者、審議会等附属機関の委員といった公益的活動の経験者が入っている場合が少なくないと述べましたが、仮にこれらの方々だけで構成される場合、安定して運営できることが期待される一方で、旧来型の「御用審議会」と揶揄される可能性もあります。各種の市民参加型事業において、「またあの人だ」と揶揄されるようなメンバーの固定化は問題です。

反対に、こうした方々が全くおらず、退職後に地域デビューを図る方々などが大勢を占めることも考えられます。これは、「しがらみがないため自由な発言が期待できる」「新たな市民層の掘り起こしにつながる」などの効果が期待できます。

◆ 複数代表制でベストミックス

ベテランと「やる気はあるが未経験の方」とのペアでの複数代表制を採ることも考えられます。これは、やる気はあるが未経験の方にとっては、次なる参加型事業の際の単独代表への貴重な経験ともなり、教育効果もあります。また、わが国では総じて女性登用率の低さが課題となっていますが、男女ペアの複数代表制とすることで、こうした課題を打破するとともに議論にも深みが増すことでしょう。

このほか、毎回進行役を替えて全員に経験してもらい、機が熟すことを待つことも、行政の恣意性を回避できます。

TIPS　●代表者は意中の方を見極めつつ、参加者間で
　　　　決めてもらう。

③ 地縁型組織と志縁型組織の対立を和らげる

◆ へそを曲げられてしまった苦い経験

私には苦い経験があります。市が主導し、ある地域の活性化を図るために市民から募って組織したワーキンググループでの経験です。参加した方々は、地域の活性化を真剣に考え、議論は毎回白熱しました。しかし、メンバーの中に自治会・町内会等の役員はいませんでした。

議論がまとまり、いよいよその地域で実際の活動に乗り出す段階で、事務局としてその地域の自治会長へ説明を行いました。自治会長からは開口一番、「我々はその活動を認めていない」と切り出されました。

「認める」「認めない」の話ではないのですが、自治会長としても地域活動に真剣に取り組んでいるわけで、いわば自分の庭を汚された、自分の顔に泥を塗られたように思われたのでしょう。このときは何とか納得してもらい、事なきを得ましたが、思わぬところに別のキーパーソンが存在することがあります。

◆「地縁型組織」VS「志縁型組織」

「地縁型組織」とは同じ土地に住むことを縁として結成されたもので、自治会・町内会が典型例です。「志縁型組織」とは居住地には関係なく、かなえたい志を同じくする方で結成されたもので、NPOが典型例です。

従来から、「地縁型組織」と「志縁型組織」との葛藤が課題となっています。たとえば、自然豊かな土地の開発にあたり、利便性が高まるため地元は賛成しているが、自然保護を主張する環境NPOが反対している、といったケースです。どちらかの主張が間違っていれば裁定は楽な

のですが、どちらの主張も誤りではありません。

　先程の地域活性化の事業の例は、「志縁型組織」のみが参加して取りまとめたため、「地縁型組織」がへそを曲げてしまったパターンです。

　「地縁型組織」と「志縁型組織」の葛藤の打破を行政にゆだねられると、いずれかの側を説得する構図となるため、厳しいものがあります。

◆ 葛藤を打破する構図をつくる

　市民参加型事業では、はじめから両者を巻き込み、参加者間で対等に議論を重ねる中で相互に歩み寄り、一定のゴールへと至る構図を目指します。

　高崎経済大学の佐藤徹教授は、まず公募方式によってメンバーを半数以上確保した上で、次に自治会・町内会等役員等への要請方式によりメンバーを選定することを提唱されています。**「公募市民だけの市民会議は、往々にしてコミュニティとのつながりや地域単位の活動への広がりが希薄であるが、地域やまちづくり活動の実績や経験があり、地域の事情をよく知る者が市民会議のメンバーとなることによって、新たな交流と人的ネットワークの形成が期待できる」**（佐藤徹『市民会議と地域創造　市民が変わり行政が変わると地域も変わる！』ぎょうせい）と述べられており、メンバー決めの参考になります。

　さらに、自治会・町内会等の役員への事前予告を行うことなく、参加者の公募を始めてしまうと、公募のお知らせを見た自治会・町内会等の役員は「何も聞いていない」とへそを曲げてしまうかもしれません。これでは結局同じこととなってしまいます。

　そこで、「多様な意見を集めたいので広く公募を行いますが、この地域を最も知っている皆さんにもぜひ参加をお願いします」とあらかじめお願いしておくことが効果的でしょう。

> **TIPS**　●公募方式と要請方式の併用で、
> 「地縁型組織」と「志縁型組織」の葛藤を打破する。

「地縁型組織」と「志縁型組織」の出会い

◆ 性格が異なる組織をマッチングする

　本書は、主に「行政が主導する」取組みに対して「市民が参加する」活動に焦点を当てて論じるものですが、第1章で述べたとおり、市民参加の先には、自治が機能している団体等との協働があり、これは、住民自治の深化へとつながっていきます。

　住民自治の深化には、「地縁型組織」も「志縁型組織」も大切ですが、両者の間に葛藤があることがあります。前項では、行政が主導する市民参加型事業に両者を巻き込んでいく手法を紹介しましたが、ここでは一歩進んで、より高度な住民自治を機能させるために、「地縁型組織」と「志縁型組織」とをマッチングさせる手法を紹介します。

◆ 地域課題解決のためのネットワーク構築事業

　札幌市では、地域課題解決のためのネットワーク構築事業を実施しています。これは、「地縁型組織」と「志縁型組織」とをマッチングさせ、NPOが地域と新たな協力関係を構築するきっかけとして機能します。

　具体的には、NPOが、町内会等の異なる団体と連携して地域課題の解決に取り組み、活動の持続によって地域力の底上げを図ることを目的に補助金を交付する事業です。

　スケジュールは次のとおりです。NPOと町内会等とで連携・協力関係を確認の上、9月から10月の1か月間に応募します。

　審査は2回あります。11月上旬の第1次審査は書類審査です。11月下旬から12月上旬にかけて行う第2次審査は公開審査で、プレゼンテー

ションと審査委員によるヒアリングを行います。

交付決定は１月で、直ちに事業が開始できます。年度末には事業報告と精算を行います。補助上限額は２百万円、原則は単年度補助ですが、２年間繰り越して３事業年度まで使うことができます。

補助対象は、建設費、食糧費、組織の維持運営に必要な経常的経費を除く次の経費で、補助率は10/10です。

補助対象となる経費：人件費、報償費、旅費・交通費、消耗品費・材料費、印刷製本費、光熱水費・燃料費、通信運搬費、広告宣伝費、委託料、使用料及び賃借料、備品購入費、その他市長が適当と認める経費

◆マッチングによる効果

2018年度に採択された事業の一つに、「特定非営利活動法人さっぽろ福祉支援ネットあいなび」と「藤野本通町内会」等とが行った、高齢者・子育て世代の孤立防止のための「地域共生の居場所づくり」があります。地域交流イベントを６回、こども支援カフェを12回、単身高齢者支援カフェを６回実施しています。

一般に、NPOは、特定分野のプロであり、たとえば多世代交流イベントを各地で実施してきた実績があります。こうした実績を活かして地域が求めるイベントメニューを多数考案することができます。また、運営に携わるボランティアスタッフの募集ノウハウを持っているため、ボランティアスタッフを通じた地域交流も期待できます。

一方、町内会等は、日常実施している活動を通じて、地域住民のニーズを把握しているため、地域住民の意見をイベント等に反映させることができます。

この両者が連携・協力することで、お互いのノウハウを得ることができ、自立して事業を継続していくことが可能となり、より高度な住民自治が期待できます。

なお、一般論としてですが、行政による補助金漬けが各種団体の自立を阻害するとの指摘もありますので、札幌市が３年度限りとしているように、サンセット方式とするなどの工夫も必要です。

④ 多数派を把握し 少数派の意見を採用する

◆ 声の大きな人≠多数派

　かつて、市町村合併や原子力発電所立地の是非を問う住民投票が盛んに行われた時期がありますが、大阪都構想や横浜市におけるＩＲ誘致で、近年、住民投票に再び脚光が集まっています。

　住民投票はどちらが多数派か把握するためには有効です。しかし、雰囲気のみで何となく投票されてしまう危険性をはらんでいます。住民投票の前に、有権者が判断できるよう各案のメリット・デメリットを含めた客観的な情報を十分提供するとともに、賛成派・反対派双方で熟議を行い、その主張や経過を公開しておく必要があります。

　同様の構図は市民参加型事業でも起こり得ます。**声の大きな参加者がいる場合、これに引きずられ、多くの参加者が内心で考えている方向性とは違う方向へと流れていってしまう可能性**があります。参加者の真の多数派の見極めは重要です。

　自分の主張のみを繰り返す人がいたとしましょう。はじめは傾聴する必要がありますが、堂々巡りとなり他のメンバーがうんざりとしているようであれば潮時です。クールダウンが必要です。参加者全員で一つのゴールを目指していくということは、実は譲り合いという側面もあります。自分の困りごとや関心事は、全体にとってはあまり大きな課題ではないのかもしれません。部分最適と全体最適とは異なるのです。

◆ サイレントマジョリティの可視化

　真の多数派を把握するヒントとして２例挙げましょう。

ある公の施設の運営について、直営維持か、民間委託かが論点となる取組みに携わったときのことです。関係団体の機関紙には民間委託に反対する主張が掲載され、また、市長あてに同旨の意見書が出されました。もちろんこれは傾聴すべき意見ですが、一方で、広く無作為抽出で実施した意識調査では、民間委託を支持する意見が過半数を占めました。有識者と実施したシンポジウムの後で提出されたアンケート調査でも、民間委託を肯定する意見は半数、否定的な意見は4分の1でした。

　次に、ある公の施設の移転の是非を議論するために開催された市民検討会に出席したときのことです。意見表明では冒頭で移転に反対する力強い発言が見られたのですが、採決の結果は反対で「移転賛成」となりました。

　問題は、賛成派の人や、その案件について考えたこともない人というのは、一般に声を挙げないため、これがどのくらい存在するか測定できないということです。そこで、**アンケートを実施して、サイレントマジョリティの声なき声（物言わぬ多数派の声）を可視化（見える化）し、浮かび上がってきたその声を根拠として、方向性をつけていく**のです。

　また、会議運営にあたり、「参加者の見解は、すべて一単位として扱う」というルールを設け、大きな声に慎重になることは、多数派の見極めに役立ちます。

◆ 少数派への配慮

　一方で、**少数派の声をすべて切り捨ててしまうのではなく、その主張を一部採り入れる**など、両方の声に耳を傾けながら最適解を探していくように導いていくことが、両者の納得性を獲得していくポイントです。

TIPS ●多数派を見極め、少数派も納得できる方法を工夫する。

❺ 事務局を市民に担ってもらう

◆ 市民による事務局には依存を絶つ効果がある

　皆さんが携わる市民参加型事業の「事務局」を担うのは誰でしょう。行政が担っているのが一般的でしょう。しかし、市民が担った事例があります。**対等な市民同士だからこそ言える、さらに、市民の自立度を高める効果が期待できる、事務局を市民が担う体制は魅力的といえます。**

　先に触れた、「みたか市民プラン21会議」では、その事務局を行政ではなく市民が担っています。

　参加した市民によれば、「行政の方が事務局をやると、市民に媚びへつらうというか、はいはいはいという感じになるのですが、市民自身が事務局をやると、『すみません。資料を送ってください』と言うと『自分で取りにきてください』と市民は市民に言うわけです。『市民が市民に』だったので、自立化を促進したところがあったと思います」とのことです。

　先述の「資料は自分で取りにきてください」は、行政の場合、なかなか言い出しにくいことでしょう。特定の市民に特定のサービス（資料送付サービス）を行うことは、受益者負担の原則に反するという見方もできる一方、行政の説明責任の範囲内だという見方もできます。また、行政を「お上」と見る市民もいますし、納税者である市民が雇った「召使」と見る市民もいます。個々に異なるこうした見方を是正させたり統一したりすることはできないため、市民同士のフラットな関係は大いに役立ちます。

◆ 市民による事務局でかかるお金の扱い方

　事務局を市民が担うにあたり、三鷹市では、会議の開催や調査、講師

等の派遣、事務局人件費等の運営に関する諸経費を自治体の予算の範囲内で負担しています。予算化の方法に、補助金、委託料、負担金として、自治会・町内会・地域自治組織への支出と同様のスキームとするスタイルもあります。ただし、公金を投じる以上、**使途等の透明性の確保**に留意する必要があります。

　財源の在り方の究極の姿として、会場費やコピー代を含め諸経費をすべて自腹で賄うなど自主財源で運営してもらうことも考えられますが、本書では、行政への市民参加を主な対象としているため、ここまで想定することには無理が伴うだけでなく、安易な下請け、体のいい動員という見方も成り立つため、射程範囲外とします。

◆ プロボノでやりがいをプラス

　事務局を全面的にゆだねることができなくても、過度な負担や無理のない範囲で担っていただけないか模索する方法もあります。それは参加者に合ったやりがいを提供するというものです。

　皆さんは、「プロボノ」という言葉をお聞きになったことはありませんか。「公共善のために」を意味するラテン語「Pro Bono Publico」を語源とする言葉で、**「社会的・公共的な目的のための、職業上のスキルや専門知識を活かしたボランティア活動」**のことであり、認定NPO法人サービスグラント等がコーディネートしています。

　一例として、ホームページ作成を得意とする市民が参加者の中にいて、本人もやりがいを見出せるようであれば、市民参加型事業のホームページ作成を担っていただくことが考えられます。ホームページ上に資料、議事録を掲載しておけば、「資料を取りにきてください問題」は、多くの市民にとっても解決するでしょう。

TIPS　◉「事務局＝行政」からの脱却を検討する。

❻ 会議のルールづくりの勘所

◆ ルールづくりは大人の部活をイメージする

　市民参加型事業に集まった人々は、それぞれ参加目的が異なる見知らぬ人同士の混成部隊です。思い思いに振る舞い、進行役の市民も会議の取り仕切りに難渋し、いつまでも合意に至らないことがあります。この結果、非生産的な会議となり、参加者の疲労も濃く、参加への満足度が低下する悪循環に陥ることがあります。

　人が集まるところには何かしらのルールが必要となってきます。関西学院大学の山崎亮教授は、市民参加型事業を「大人の部活」にたとえられています。運動部ではもちろん文化部でもそうであるように、部活であればルールが要ります。混乱の第2期から秩序の第3期へとなるべく早期に移行するためにもルールが必要です。

　しかし、ルールを行政側が示すと不満の声が挙がります。**自律的に秩序が形成されることが重要**で、これこそが自治の萌芽なのです。そこで、専門家としての行政の示唆が求められる頃合いを見て、ルールづくりの先例を挙げ、これを参考に参加者同士の議論で決めてもらいましょう。

　一例として、市民間での議論の結果、策定に至った「みたか市民プラン21会議」における4つの原則・9つのルールを紹介します。

1　時間の厳守：時間は全員の共有であり、これを大切にする。
　⑴会の開始、終了、それぞれの発言時間、持ち時間を厳守する。
　⑵事情により会に遅刻、欠席する場合はその都度、必ず事務局に連絡する。

2　自由な発言：自由な発言を最大限に尊重する。

　(3)参加者の見解は、すべて一単位として扱う。（所属団体の公的見解であっても同様）

　(4)特定の個人や団体の批判中傷は行わない。

3　徹底した議論：徹底した議論から相互信頼の土壌をつくる。

　(5)議論は冷静にフェアプレイの精神で行う。

　(6)議論をすすめる場合は、実証的かつ客観的なデータを尊重する。

4　合意の形成：合意に基づく実効性のあるプランづくりをめざす。

　(7)問題の所在を明確にした上で、合意形成をめざし、いったん合意した内容はそれぞれが尊重する。

　(8)事例を取り上げる場合は、客観的な立場で扱う。

　(9)プログラムづくりにあたっては、長期的取組みと短期的に取り組むものを区分し、実現可能な提案をめざす。

◆ ルールづくりの好期は3〜6か月後

　さて、ルールづくりは適切な頃合いで行うべきと述べましたが、行政としてはある程度のスケジュール感を持っておきたいことも事実です。実際にルールづくりに至るのはいつ頃でしょうか。

　すでに、混乱期から秩序期への移行は3か月から半年後と述べましたが、この辺りが目安となります。東京都多摩市では、2001年1月に多摩市市民自治基本条例をつくる会第1回市民ワークショップが開催され、60人を上回る市民が集まりました。試行錯誤の末、結成3か月後にルール策定に至っています。

　ルールづくりを通じて、**混乱期から秩序期へのソフトランディングを**図りましょう。

TIPS　◉3か月後を目安に自律的なルールづくりを促す。

❼ モデルの提示で話合いの きっかけをつくる

◆ モデルを学ぶ（←まねる）

「皆さんで自由に話し合ってください」

行政としては良かれと思い、市民を最大限尊重して発言や活動を促したつもりが、反対に「何をしたらいいのかわからない」ととまどいを与えてしまうことがあります。

皆さんは、沈没船ジョークを聞いたことがありますか。沈没しかけた船から脱出して海に飛び込ませる際に、船長は、各国の乗客に向かって何と言って説得すると効果的かというジョークで、アメリカ人には「飛び込めばあなたは英雄です」、イギリス人には「飛び込めばあなたは紳士です」、ドイツ人には「飛び込むのがこの船の規則になっています」、フランス人には「飛び込まないでください」、そして日本人には「みんな飛び込んでいますよ」だと言われています。

日本人は、皆が話す雰囲気や行動を始める雰囲気にない場合、けん制して誰も口火を切らず話合いが始まらない、誰も動き出さない。その一方で、皆が話せる雰囲気づくりや行動を開始するきっかけづくりに成功できれば、活発な話合いや行動が可能となる国民性があるようです。

そこで、行政側からの恣意的な誘導は禁物ですが、きっかけづくりとして、**市民側からの要望や必要に応えてモデルとして先例を提示し**、市民参加のメンバーでこれを学ぶことにより、「何をしたらいいのかわからない」膠着状態からの脱出が期待できます。

「学ぶ」の語源は「まねる」であると言われています。他の自治体の先例をまねてみましょう。

◆ モデルの提示方法

　参加者にモデルを見せるには、講演会や学習会への参加を促したり、参考文献の紹介を行ったりするなどの方法を採ることができます。

　前項で述べた多摩市市民自治基本条例をつくる会は、2002年6月に条例案提言書の提出へ至りましたが、これに続き2002年8月に発足した国分寺市自治基本条例市民検討会では、同年10月に多摩市市民自治基本条例をつくる会の代表者を招き、学習会を行っています。

　このほか、**実際に視察を行っている事例**もあります。たかさき市民参加推進会議では、千葉県松戸市をバスで訪問し、同市のパートナーシップ検討委員会メンバーと意見交換を行っています。

　視察に際して、事前に市のホームページやパートナーシップ検討委員会提言書を読んで各自が質問事項を考える中で、課題が明確化する効果があります。視察後はそれまでよりも活動の方向性が見えてきます。

◆ 視察で生まれるさらなる効果

　これに加え、視察というメンバー間での**リアルな共通体験を通じて、一体感の醸成**にもつながっています。視察の道中で雑談することもあるでしょう。これは相互理解につながります。途中でトイレに行きたくなる方も出ることでしょう。「どうぞどうぞ」と互助の精神が生まれます。また、昼食をはさむこともあるでしょう。飲食は生物の本源的欲求に起因するものであり、これを共にすることは関係づくりに大変有効と言われています。ランチミーティング、飲みニケーションがその例です。

　どの自治体も財政状況は厳しく、視察費用の予算化は容易ではありませんが、費用対効果は高いものとなるはずです。

> **TIPS** ●市民側からの要望や必要に応えてモデルを提示する。

❽ 有識者の人選で つまずかないポイント

◆ 人選は選ぶプロセスが重要

　一般に自治体職員には頻繁な人事異動があるため、必ずしも市民参加で行う対象事業の背景等に詳しくないことがあります。また、これに明るかったとしても、「行政に都合のいいことを言っている」と職員であるためにバイアス（偏り）をかけて見られてしまうこともあります。

　そこで、大学教授、コンサルタント、関係団体代表者等の有識者をコーディネーター、御意見番的に登用することがあります。

　たとえば、審議会、協議会等の附属機関において登用しますが、附属機関はしばしば「行政の隠れ蓑」や「御用審議会」などと揶揄されます。このように、選定した有識者に対する不信感が参加者の中にあるようでは、活動が円滑に進むはずがありません。

　したがって、**有識者を登用する場合、期待する役割の明確化、人選及びそのプロセスこそが肝**となります。そこで、そのポイントについて述べます。

　大学教授を例としましょう。一口に大学教授といっても、東京等からその分野の第一人者を招くのか、地域の実情を熟知した地元の大学から選定するのかといった違いがあります。前者の場合、豊富な知見に裏打ちされた展開が期待できるでしょう。しかし、地域課題解決のために行う事業です。市民は日常生活の中での困りごとや自らの関心事があって参加しています。「A地区のB問題のことですが」という市民の発言に、有識者がそれを知らないと市民は不信感を招いてしまうかもしれません。

　また、2～3年間に及ぶ取組みとなるかもしれません。それだけの長期間お付き合いいただけるかどうか。一方、後者の場合、多くの大学は

地域貢献を唱え、行政と連携協定を結んでいるところもあります。教授が主宰するゼミ活動の一環として導入し、Win-Winの関係で進めることができるかもしれません。候補者となる教授の評判を地元大学の出身者から聴くこともできます。

◆ 若手かシニアか適切な人を検討する

かつて私は二十代の研究者を附属機関委員に選定したことがあります。若手の研究者は、本人の実績づくりともなるため、意欲的に取り組んでくれました。それから一回り以上の歳月が経過しましたが、関係は現在でも続いています。こうした一方で、参加した市民のほとんどが高齢者の場合には、研究者も高齢な方のほうが功を奏すこともあります。

どちらにも長短があるので、自らが担当する市民参加型事業が目指すところは何かに思いを馳せ、検討しましょう。

◆ 人選の決定は市民参加で行う

さて、行政として意中の人を定めておいたとしても、**決定するのは参加した市民**です。行政が決定すると、「行政の隠れ蓑」や「御用審議会」と同じ批判を招く可能性があります。

参加した市民の間でコーディネーターの必要性が認識され、専門家としての行政に案はないか打診されるタイミングで提示しましょう。その際、専攻分野や著書のほか、他の自治体で類似の取組みに携わられた実績があれば、これをリスト化して準備しておくとよいでしょう。

このほか、あなたの自治体の中にまちづくりのNPOがあれば、そちらへ打診することも考えられます。専門家としてのあなたのリサーチ力が試されます。

TIPS

● 登用する有識者は入念にリサーチし、決定は市民にゆだねる。

⑨ オープンな組織を つくるための注意点

◆ 地縁型組織の課題をクリアする

　市民参加には、取組みを発展させるための組織づくりが必要です。皆さんの自治体では、自治会・町内会といった「地縁型組織」の加入率はどのように推移しているでしょうか。また、その活動は活発に行われているでしょうか。一般には地縁型組織の加入率は低下してきていると言われており、自治力の低下に直結する深刻な課題です。加入率低下には構造的な背景があります。

　第一に、ムラ社会では、田植えや収穫、屋根の葺替えや冠婚葬祭に共同作業が必須でした。参加しないと村八分です。しかし、第一次産業従事者は減少し、屋根の建材も変わり、冠婚葬祭は自宅ではなく専門業者の式場で行うことが増えました。さらに、少子化により祭りを維持できなくなってきています。このように、地域での共同作業が必要な場面は消滅してきています。

　第二に、地縁型組織には封建的な運営が見られるところもあります。内輪では近しい関係が維持される一方、新参者やよそ者には冷たい対応がなされる、特定の考え方や形に囲い込もうとする同調圧力が見られることがあります。これを、千葉大学の関谷昇教授は、未来志向に対置し、「過去思考」と表現されています。このように、地縁型組織には、日本文化の特徴ともいえるタテ社会の人間関係を重視する傾向があります。

　これを一概に悪いと言っているわけではありませんが、この構造が続く限り、将来展望を描くことが困難な場合もあり、現にこれが課題となっているのであれば、その在り方を変容させる必要が出てきます。端的にいえば、**クローズドな組織をオープンな組織に、従来踏襲型の組織**

運営を時代に適応した組織運営にするということです。

◆ 多様性を確保する

　同じことは、市民参加型事業にもいえます。長老支配のような運営に陥っていないか、オープニングメンバー以外の新規参入を受け入れているか、目配りが必要です。

　ここで、自分自身を振り返ってみましょう。あなたは学生時代に地域活動に目を向けていましたか。学生時代は他のことに目を奪われがちです。また、現役世代が会社人間であることも無理からぬことです。このように、若手の参加は、待っていても一般的には期待できません。

　この結果、いわゆる第二の人生として地域デビューしたシニアが多数派を占める形で市民参加型事業がスタートすることが往々にしてあります。同一世代に偏ると同質性が機能し始める傾向があります。シニア世代の中には学生運動や住民運動が盛んな頃の記憶があり、「市民参加＝行政へ要望すること」との認識が強い方もいます。

　これ自体が問題なわけではありません。しかし、市民参加型事業で期待するものが、**多様な市民の意見の反映や実際の活動への参加など、若手の参加も得て到達させたいものであるならば、これを打破する手段を検討しておく必要があります。**

　参加者の中に一定数の若手が集まれば、若手の意見を無視できなくなります。では、市政だよりやホームページでメンバー募集をしたところで、他の刺激的なことに関心を寄せている学生や仕事で多忙な現役世代に訴えかけることができるでしょうか。実際はそれではうまくいきません。こうした層の参加を真剣に求めるのであれば、地域にある大学にメンバー募集のポスターを貼ってもらう、朝の通勤時間帯に駅前で募集チラシを配るといった取組みが必要となってきます。

TIPS ●オープンな組織として多様性を確保するための戦略を練る。

❿ 全体報告会を市民参加で実施する

◆ 中間報告会には３つ効果がある

　第１章で、様々な局面において全員参加への回路を開いた上で事業を行うことの重要性に触れ、その一例として、一般への報告会を開いた上で、会場からの意見も聞くべきであると述べました。

　その意味は、繰り返しとなりますが、「市民参加といっても一部の参加者だけの意見ではないか」という声は必ず上がるからであり、「私たちとしては常に参加を呼び掛けていましたよ」と答えることができるようにするためです。

　さて、この報告会ですが、中間段階と最終段階の２回設けられればベストといえるでしょう。

　中間報告会を行うことには、次の効果が考えられます。

- 一般参加者からの意見表明を踏まえ、それに妥当性があれば**議論の方向性を補正**できる
- 中間報告会で初めて参加型事業の存在に気付いた市民の**新たな参加による広がり**が期待できる
- 運営する市民と行政に、中間報告会を行うという共通目標ができ、**一丸となる効果**が生まれる

　三点目の効果を生むには、中間報告会を市民か行政かのいずれかが行うのではなく、共催で行うことが望ましいといえます。

◆ 中間報告会は広く周知することがポイント

　中間報告会は広く情報を伝えることが重要です。具体例を挙げます。

国分寺市自治基本条例市民検討会では、中間段階において、多くの市民が集まる「国分寺まつり」の機会をとらえ、検討会メンバーである市民と職員とが一緒になって約5千枚のチラシを配布しています。

　また、たかさき市民参加推進会議では、中間報告書が市役所やホームページで閲覧できることを『広報たかさき』で広報した上で、これに対する意見募集を行っています。

　このように、**多くの市民が集まる機会やすべての市民に配布される媒体を使うこと**がポイントです。

◆ 最終報告会は市民参加の総仕上げ

　最終報告会でも幅広い市民参加を心がけましょう。

　千葉市では、市が設定した研究テーマについて、知識や関心のある市民が公募研究員となって、自主運営によるグループワーク等を通じ、政策提言をとりまとめ、さらに、その提言の実現に向け、様々な活動に主体的に参画してもらう「千葉市まちづくり未来研究所」という取組みを行っています。

　2016年10月から1年半にわたり、「都市アイデンティティによるまちのデザイン」をテーマに活動した第2期の研究所メンバー16人は、2018年3月に**政策提言報告会を公開で行い、参加者と意見交換**を実施しています。

■国分寺市自治基本条例市民検討会におけるスケジュール

2002 年度	8月　発足
2003 年度	11月　国分寺まつり　2月　中間報告会
2004 年度	11月　国分寺まつり　1月　市民意見交換会
2005 年度	7月　最終報告会

TIPS
　●報告会は全員参加への回路を開き、
　　市民と行政が一丸となる効果を生む。

負担の偏り防止

　市民参加型事業を展開していく中で、市民からなる代表者や進行役に任せっきりで、これらの方に過重な負担となること、換言すれば参加者間での負担が不均衡となることが散見されます。負担感や不平等感がある中では、相互理解は進まず、合意形成は困難となりがちです。

　そこで、たかさき市民参加推進会議では、書記輪番制を採用しています。この効果について次のように述べられています。

　「会議が始まる前に、会議の時間や議題、目的を委員にはっきりと示すようにする。会議中は、話し合われたことをホワイトボードに書き出し、結果を読み上げる。それを全員で確認し合意事項とする。これだけのことだが、責任感は生じる。委員の意識を高めるのに少しは役立つかもしれない。」（佐藤徹　『市民会議と地域創造　市民が変わり　行政が変わると　地域も変わる！』ぎょうせい）

　参加者の意識を変える「仕掛け」が、書記輪番制です。このように、役割を交代制にしたり、全員で情報を共有・確認したりすることで、負担の偏りを防止するだけではなく、当事者意識も高まります。当人の貢献意欲が満たされるとともに、参加者同士で「ありがとう」「おつかれさま」とねぎらいの言葉が自然に飛び交うきっかけとなります。

　時々、参加者の中に評論家的な方がいることがあります。行政に対して意見を述べることを目的に設置した会議であればそれでも構いません。しかし、参加者全員が対等のフラットな関係を旨とするワークショップの場合、それでは浮いてしまいがちで、負担も分担し合わなければ「あの人は口ばかり」となり、険悪なムードとなってしまいます。

　この結果、グループ内に亀裂が生まれ、最悪の場合、過重な負担を負わされた代表者や進行役が離脱することもあり得ます。これは絶対に避けたいところです。第5章で詳述しますが、共に汗をかく共通体験を通して「共汗力」を生む仕掛けを埋め込むことが大切です。全員が負担を分かち合うシステムで、対等な関係づくりにつなげましょう。

第4章

市民参加の
手法とその特徴

市民参加には、様々な手法があります。目的や場面にあわせて適切なものを選び、それぞれの注意点をおさえ、取組みの効果を最大限発揮させましょう。

❶ PDCAで効果的な市民参加を実現

◆ PDCA すべての局面で市民参加ができる

「PDCA サイクル」とは、Plan（計画を立てる）、Do（計画に沿って実施する）、Check（計画と実施を振り返る）、Action（計画と業務の改善を考える）のことです。このすべての局面で市民参加が成り立ちます。

第一に、Plan への市民参加です。これには、基本構想や基本計画といった全庁横断的・包括的な計画のみならず、福祉・環境・教育等の各種個別計画策定にあたっての市民参加があります。また、自治基本条例、市民参加条例といった一般的な条例のほか、各種行政分野ごとの個別条例制定に際しての市民参加もあります。

手法としては、後述するアンケート、パブリックコメント、ワークショップ、審議会、シンポジウムのほか、首長への手紙、インターネット広聴、市政モニター、行政オンブズマン、首長と語る会、出前講座、ヒアリング、住民説明会、地方自治法上の直接請求、住民投票、請願、陳情、公聴会、参考人制度等があります。Plan にとどまらず、Check や Action にかかるものもあります。

第二に、Do への市民参加です。その典型例はボランティアです。

第三に、Check への市民参加です。公募市民を登用して行政評価を実施することが典型例です。

第四に、Action への市民参加です。公募市民による行政評価の際、評価で終わるのではなく改善案まで出すことや、ボランティア活動における反省点を踏まえ、次回改善して取り組むことが典型例です。

皆さんがこれから取り組むのは、**PDCA のうちいずれの局面での市民参加でしょうか**。これからこの局面ごとのポイントについて、典型例を

使って効果的な市民参加型事業の在り方を検討していきましょう。

◆ Plan への参加者 ≠ Do への参加者

その前に、あらかじめ注意が必要なことを述べます。それは、「Plan への参加者 ≠ Do への参加者」、すなわち Plan への参加者と Do への参加者とは必ずしも同じではないということです。これは私も経験したことです。

あるまちづくり活動への計画策定にあたり、市民から参加者を募り、約 2 年間にわたり議論してきました。活動は長期間にわたりましたから、参加者同士でお互いの性格や特徴も理解され、議論は尽きることがありませんでした。2 年間で一定の方向性は見えたので、これまでの総括を行うとともに、打上げの懇親会も行い大いに盛り上がりました。さあ、この勢いのまま、行政としての真の目的であるまちづくり活動へ、この参加者を中心に実際に踏み出そうとしたのですが、ここで頓挫しました。普段から自主的にごみ拾いやイベント、PR 等の活動を行っているメンバーと、意見を言うだけと思って集まったメンバーとの間に亀裂が生じ、活動が頓挫してしまったのです。Plan の局面から Do の局面への移行にあたり、その趣旨説明はもちろん行っていたのですが、だめでした。

市民は、日常生活の中での困りごとや自らの関心事を抱えて取組みに参加します。**発言内容が計画に反映されれば満足な人**もいれば、**実際に自らの手でまちづくりを行いたい人**もいます。**納得または満足するポイントは人それぞれ異なる**ことを痛感させられました。「Plan への参加者 ≒ Do への参加者」は成り立つかもしれませんが、「Plan への参加者 ＝ Do への参加者」は必ずしも成り立たないということに注意が必要です。

TIPS ◉ PDCAいずれの局面での市民参加なのかを認識する。

❷ ≪Planへの参加≫ アンケート

◆ 特徴は手軽なこと

　アンケートは手軽な市民参加手法の一つといえるでしょう。いわゆる世論調査や意識調査もアンケートの一種であり、市民の考え方の傾向を測ることができます。

　ただし、設定した設問に答えるのみという、行政から市民への片方向性という特徴があるため、回答者が合理的に判断できるよう十分情報提供する必要があります。また、設問の設定、選択肢の設定にあたって恣意性が疑われないよう配意することも必要です。

◆ 客観性・合理性を持たせる４つのポイント

　それでは、ポイントを具体的に見ていきましょう。

　第一に、**市民全体を代表するサンプルといえる実施方法を採る**ことです。特定の分野に特定の関心を持つ層に絞って実施したアンケートは、そうしたデータを取ることが目的であれば別ですが、特定の市民、すなわち一部の意見となり、市民全体の傾向を測るものとはいえません。

　第二に、**設問や選択肢の工夫**です。意図なく実施するアンケートはなく、もしそうしたものがあるとすればそれは税金の浪費です。アンケートには実施意図が当然ありますが、意図をかなえる一方で、誘導ととらえられない設問や選択肢の工夫が求められます。

　第三に、**条件や背景を十分に説明して問う**ことです。マスコミが行う街頭インタビューに、「消費税が上がりますが、どう思いますか」といった類のものがありますが、「うれしいです」などと答える人がいる

わけがありません。これをもって「国民は消費税率の引き上げに反対しています」と結論づけてしまうことは短絡的です。

「今後このような社会を構築したいと考えている」「そのためには原資としてこれだけ必要である」「わが国の財政状況はこうなっているため国債を発行して将来世代にこれ以上つけを回すことは避けなければならない」「諸外国と比較すると税率はこのようになっている」といったように、回答者が合理的な判断を下せる情報の提供が求められます。

第四に、**結果の公表**です。アンケートは行政から市民への片方向性であるからこそ、結果をわかりやすくまとめて公表し、応答責任を果たすことが求められます。

◆ アンケートの効用は多数派の見極め

アンケートの効用の一つに、サイレントマジョリティの意見の可視化があります。ときどき大声で意見を主張する人がいますが、その意見が、市民の大勢をなす意見かどうかはわかりません。公務員は全体の奉仕者であり、一部の奉仕者ではありません。大声でなされている主張は顕在行政需要ではありますが、一方で少数派の意見かもしれず、「税金を使って余計な行政サービスをしてくれるな」こそが、多数派の声なき声かもしれません。そこで、**サイレントマジョリティの声を可視化し、多数派を見極めよう**とする際にアンケートは有効に機能します。

すでに述べた例ですが、ある公の施設の今後の在り方を検討していた際に、関係団体は直営堅持の主張を繰り返していましたが、市民の無作為抽出で実施した意識調査では、民間委託によるサービス拡充を求める意見が過半数を占めました。このように全く反対の結果であることも知り得ることができます。

◆ 設計はスマートに

アンケートに協力するのはあくまで任意です。協力してもらうには、**過剰な負担感を与えずに効果的な意見を聴取できる設計**が必要です。設

計にあたって留意すべき点を見ていきましょう。

（1）ボリューム

　何はともあれ負担に感じられることのないボリュームとすることです。Ａ４用紙の片面、多くても両面が限界でしょう。

（2）文字ポイント・レイアウト

　聞きたいことがたくさんあり、それを全部盛り込んだらポイントが小さくなってしまった……。ありがちなことです。しかし、アンケートへの協力は任意のもの。小さな文字で書かれたアンケートに、たとえば老眼の方は快く応じてくれるでしょうか。回答すらしてもらえないかもしれません。レイアウトにも同様に工夫が必要です。

（3）設問数

　聞きたいことがたくさんあること自体は仕事熱心で感心です。しかし、相手（答える側）の立場になることは、市民参加の重要な要素です。何事もバランスです。設問数が二桁に及ぶと、心理的負担感が増し、回答率が減少するかもしれません。9問までに抑えたいものです。

（4）選択肢

　まずはＡ、Ｂの2タイプのアンケートをご覧ください。

Ａ　本市の福祉施策についてどう思いますか。
1　充実している　　　　2　やや充実している　　3　普通 　4　やや不足している　　5　不足している

Ｂ　本市の福祉施策についてどう思いますか。
1　充実している　　　　2　やや充実している 　3　やや不足している　　4　不足している

　Ａは、選択肢の中に「普通」という中心があります。一般に人には潜在的に中心化傾向があるため、「普通」に吸い寄せられることが考えら

れます。一方、Bには中心となる選択肢がなく、プラス評価かマイナス評価か、いずれかを選択させるスタイルとなっています。

　今後の施策展開の方向性として、現状維持を企図しているのであればAタイプ、推進または縮小を企図しているのであればBタイプを採るといった具合に、回答に企図するものによってスタイルは変わってきます。

（5）チェック

　設計が終わったら、同僚に実際に回答してもらいましょう。作成者は熱くなっているもので、なかなか気付かない設計上のミスに気付いてくれるかもしれません。一例として、次の2つの文をご覧ください。

> A　回答を①欄に記入し、そのほかに記載したいことがあれば②欄に記載し、参考資料があれば添付してください。

> B　回答を①欄に記入してください。そのほかに記載したいことがあれば②欄に記載し、参考資料があれば添付してください。

　Aは、「記入し」という述語となっている用言を連用形によっていったん切り、後へ続ける方法で、中止法といいます。中止法を使うと意味があいまいになることがあります。

　上の例で参考資料の添付を行ってもよいのは、

- Aの場合、②欄に記載があるときのみか、①欄のみに記入したときも含むのか不明です。
- Bの場合、②欄に記載があるときのみです。

　これらの形式や尋ね方に注意しながらアンケートを作成してみるとよいでしょう。

TIPS　●負担感が少なく洗練されたアンケートを設計する。

❸ ≪Planへの参加≫ パブリックコメント

◆ パブリックコメントの淵源

　パブリックコメントは比較的新しい制度です。これは、重要な施策の意思決定の過程において、施策の案を公表し、広く意見の提出を求め、提出された意見を考慮して施策の決定を行うとともに、その意見に対する行政の考え方を公表するものです。重要な施策の意思決定の過程における透明性の向上を図るとともに、市民参加を推進する意味合いもあります。政府の規制緩和推進3か年計画（1998年）を受けて、1999年に「規制の設定又は改廃に係る意見提出手続」が全省庁統一の共通ルールとして閣議決定されたことにより制度化されたものです。

　橋本龍太郎首相時代の1996年から1998年まで総理府に設置された行政改革会議の最終報告でもその導入が提言され、同報告の趣旨に則って行う改革を規定した中央省庁等改革基本法（1998年制定）第50条第2項では、「政府は、政策形成に民意を反映し、並びにその過程の公正性及び透明性を確保するため、重要な政策の立案に当たり、その趣旨、内容その他必要な事項を公表し、専門家、利害関係人その他広く国民の意見を求め、これを考慮してその決定を行う仕組みの活用及び整備を図るものとする」とされていました。

◆ パブリックコメントの流れ

　パブリックコメントの大まかな流れは次のとおりです。

施策案の策定　→　施策案の公表　→　市民からの意見提出　→
意見の考慮（施策反映の検討）　→　施策の決定　→　意見の公表

パブリックコメントで提出された意見の採否は、その理由とともに公表することとなっています。したがって、仮に恣意的な判断を行えば、それが明白となります。

◆ 形骸化や動員にならないようにする

パブリックコメントは現在では定着しているといえますが、それゆえに形骸化の恐れもあります。積極的に採り入れる心構えで臨むか、聞きおく・聞き捨てる腹積もりかによって、**提出された意見は全く異なって見えてくる**ものです。初心に立ち返って取り組むことが必要です。

また、同一趣旨の意見が多数提出されることがあります。これは市民の一般意志でしょうか。それとも組織的・動員的に提出された偏りのある意見でしょうか。その判断を誤らないようにしなければなりません。

◆ パブリックコメントの限界と対策

パブリックコメントは、行政が公表した案を読んで、市民が文書または電子で回答するものですが、内容が専門的で難しい、分量が多くて読みづらいといった課題があります。一般に、丁寧に説明しようとするほど分量が多くなる傾向があり、この2つの課題は相反するものです。

対策として、全体資料のほか、**概要版も作成して公表する**ことが広く行われています。このほか、場合によっては説明会を併用することも有効です。シンポジウム実施後にアンケートを行って市民の意識の確認を行うことについて後述しますが、説明会とパブリックコメントの併用も同様の効果を生みます。

TIPS
●形骸化させず、制度が内包する限界を乗り越える工夫を。

④ ≪Planへの参加≫ ワークショップ

◆ 特徴はフラット・双方向・予定外の成果

　ワークショップの原意は、「工房」「作業場」であり、参加したメンバーが共同体験を通じて創造していく場を意味します。

　ワークショップが会議と異なる点として、一般的には次のようなものが挙げられます。

- 会議には進行役となるリーダーが存在するが、ワークショップの場合、参加者全員が対等のフラットな関係
- 会議では進行役から単方向での問い掛けがあり、これに出席者が単方向で答えるスタイルが基本だが、ワークショップの場合、参加者Aの意見に参加者Bが反応するといった双方向性となる
- 多くの会議にはシナリオが存在し、次第に沿って予定調和的に進められていくが、ワークショップの場合、予定外の成果が創造されることがある

◆ ワークショップが創造的である理由

　それでは、会議とは異なり、ワークショップが創造的である理由とは何でしょうか。

　人は、これまでの人生の中で各自異なる体験をしており、**これまでの「異なる体験」に根差した「異なる考え」を持つ**ようになります。一般的な会議の場合、そこで行われるのは「考え」の表明、「考え」の交換なので、「考え」の基となる体験が異なることから、自ずと不一致となることがあります。

しかし、ワークショップの場合、付箋、模造紙、ホワイトボード等を使い、**参加者全員で一つの「同じ」体験をする**ことから始めます。この**共通体験こそが「考え」の変容をもたらす**のです。

◆ 運営上の工夫

こうした特徴があるワークショップですが、やみくもに実施すれば自ずと功を奏する魔法の杖ではありません。すべてのプロセスの中のどのタイミングでワークショップを取り入れるかあらかじめデザインすることが重要で、たとえば次のようなイメージです。

　　説明会　→　ワークショップ　→　報告会　→　会議（決定）

ワークショップは全員対等のフラットな関係で行うものですから、はじめのアイスブレイクで互いを知り、関係性を築く時間が重要です。**これまでの人生の中で各々が培ってきた「常識と思っていること」を打破させること、無知に気付かせ多様性を知ってもらうことがポイント**です。

最近では、高齢者にお母さん役、ビジネスマンに外国人役など、参加者自身と異なる属性になりきってもらい実施するものもあります。自分が抱える困りごとを解決したいと思って参加したシニアに、シングルマザーが抱える課題に気付いてもらうことで相互理解がなされるとともに、これまでばらばらであった双方の課題に、実は補完し合える要素があることに気付くといった効果もあります。

ワークショップには一般にファシリテーターが必要ですが、これに誰を充てるかの注意点は前述（P.48）のとおりです。

◆ ワークショップの流れ

実際に行われたワークショップから、実施の流れを見てみましょう。愛知県弥富市では、2020年9月から10月にかけて、隔週土曜日に3回、「弥富に住んでみたい！住み続けたい！を考えるワークショップ」をオ

ンラインで行っています。

　これは、「まち・ひと・しごと創生総合戦略」改訂にあたり、地域課題を掘り起こし、その解決に向けて取り組むべき事業のアイディア・提案を検討して計画に反映させることを目的に行われたもので、概要は次のとおりです。

- 実施方法：Web会議システム「Zoom」を使用
- 対　象　者：市内在住・在勤・在学いずれかに該当する者
- 定　　　員：25人（応募者多数の場合は抽選）
- 申込締切：9月16日
- 実施日時：9月26日（土）、10月10日（土）、10月24日（土）の10時
　　　　　　から12時まで

　25人の募集に対し、参加者22人が集まりました。

　コーディネーターを名古屋市立大学人文社会学部の三浦哲司准教授が、ファシリテーターを同学・佐藤則子研究員が、運営補助をランドブレイン株式会社が務めました。同社は、東京に本社を置くシンクタンクで、名古屋にも事務所を構えています。各回の流れは次のとおりです。

第1回：弥富市の現況・課題を整理して共有しよう

オリエンテーション：弥富市の現況・課題と総合戦略について説明。
グループワーク：個人ワークを行い、各自が意見を固めた上で、グループワークへと移行する。

　全員が、「まち」「ひと」「しごと」の3テーマごとに、弥富市の良いところや足りないところについて意見を述べる（各テーマでグループメンバーをシャッフルし、3セッションの意見交換を行う）。Zoomのホワイトボード機能を活用し、弥富市の現況・課題について整理する。

第2回：テーマ別に課題や目指すべき将来像を考えよう

オリエンテーション：地方創生の取組みを考えるポイント、他市の好事例について説明。

グループワーク：「まち」「ひと」「しごと」の３グループに分かれて、前回の振り返りを踏まえ、弥富市の「良いところ」「良くないところ」、「伸ばしたいところ」「足りないもの」などを深掘りし、重点課題・伸ばすべき長所を整理した上で「目指すべき将来像」を検討する。その将来像を実現するための取組アイディアについて意見交換する。

第３回：課題解決に向けた具体的な取組みを提案しよう

オリエンテーション：取組みを形にする際のポイントについて説明。
グループワーク：「まち」「ひと」「しごと」の３グループに分かれて、「目指すべき将来像」の実現に向けた取組アイディアを市の事業として実行できるよう、何を行うのか、誰をターゲットにするのか、誰がやるのか、誰と連携するのか、どのような効果が見込めるかなど、具体的な取組みの内容を検討し、各グループ１つ以上提案する。

◆ 運営のポイント

　弥富市の取組みからわかるワークショップのポイントは次のとおりです。第一に、**多様な参加者の獲得**です。多様な層が参加しやすくするために、開催日を土曜日に設定し、在勤・在学者にも対象を広げています。第二に、３回の設計を**起承転結**にすることです。

　第１回は「起」です。「運営上の工夫」で述べたように、オリエンテーションとして説明会を行った後、まずは各自の意見をまとめさせています。

　第２回は「承・転」です。「ワークショップが創造的である理由」で述べたように、グループワークという同じ体験を経ながら、方向性を見い出しています。

　第３回に具体的な取組提案をまとめ、「結」としています。

TIPS ●ワークショップはプロセスのデザインが命。

◆ コロナ禍でもワークショップはできる

新型コロナウイルス感染症は社会のありようを大きく変えました。押印の見直し、電子手続の推進、テレワークの普及など、長年の課題であった行政改革や働き方改革に関する取組みが一気に広がりました。

会議の開催方法も変わりました。情報の伝達がメインの会議は、その必要性を検討して淘汰され、残ったものも書面開催やリモート開催が多くなりました。

しかし、同質性を持ち、上下の階層があり、所掌事務が明確化している職員同士で行う庁内会議であれば、リモートでも比較的まとまりやすいものの、見知らぬ市民同士で行うワークショップの場合はどうでしょう。ワークショップは、多様性を旨とするからこそ「共通体験」がプロセスの中で重要となってきますが、見知らぬ市民同士のオンラインでのワークショップは成立するものでしょうか。

前項の弥富市ワークショップもオンライン開催でした。同市ホームページによれば、オンラインワークショップについて次の成果が出ており、その成果は、**回を重ねるごとに深まってくる**ことがわかります。

第1回
- 多様な意見がたくさん出た
- 普段話すことのない世代の人と意見交換できたことが有意義であった

第2回
- 参加者の中からリーダーが選出され、リーダーを中心として参加者同士の話合いが積極的に行われた

第3回

- 「取組みが採用され、市で事業化された際には自分たちも活動に参加する気持ちで」を合言葉に具体的な内容が盛り込まれた提案になった

　さらに、ワークショップ後のアンケートには、「**実際に事業が動き始めたら一緒に活動する気持ちがある**」と参加者の多くから回答があったとのことです。このように、オンラインでもワークショップは可能です。

◆ オンラインワークショップのコーディネート

　弥富市の取組みでは、研究者がコーディネーターを担うとともに、シンクタンクが運営補助にあたっています。

　これに関連して、持続可能な社会を創る人材を育成するNGOとして設立された「こども国連環境会議推進協会」によれば、オンラインワークショップには、次の課題があるといいます。

- オンラインでグループディスカッションに参加したが、全く対話が深まらない
- 「見るだけ、聴くだけ」を希望する参加者がいて、ディスカッションのチーム構成を組み直す必要がある
- Zoom等を活用しながら話し合うだけでなく、意見を記録したり整理する方法がわからない

　このため、**円滑な進行のために、オンラインワークショップのコーディネートは第三者化し、熟練したプロを充てるほうが望ましい**と考えられます。その理由は、第2章で述べたファシリテーターのときと同様です。

　なお、一例として、同協会では、プログラムのデザインが重要であるとの認識の下、「対話や学びが深まるオンライン・ワークショップのつくり方講座」を開催するとともに、出張ワークショップを行っています。

TIPS　◉「餅は餅屋」、オンラインワークショップはプロの登用も検討。

◆ 委員には専門性・当事者性が期待される

　審議会、協議会等の附属機関においては、外部有識者や公募市民を委員にして意見を集めることがあります。これらの附属機関では、何を期待し、委員として登用するのでしょうか。

　第一に、複雑多様化した現代では、研究機関・企業等における情報水準が、行政が保有するそれを上回ることがあります。そこで、専門知識を取り入れて政策形成を行うために、外部有識者の知見を求めることとなります。

　第二に、当事者が抱える課題は当事者が最もよく知っています。そこで、政策づくりにあたっては、当事者の意見に耳を傾ける必要があります。当事者を登用すると、「当事者の意見を踏まえたものである」と、政策に**正当性の根拠が付与される**効果も生まれます。なお、当事者個人のほか、当事者で構成する団体があれば、その代表者を登用することもあります。

　第三に、公募市民に期待することは、次の3点に大別されます。

　一点目は、一般的な市民としての視点です。

　二点目は、その分野に関心のある市民の視点です。

　三点目は、市民の中に存在するプロの発掘です。

　三点目について詳しく述べます。行政が一本釣りする有識者や団体代表者等は、行政としてすでにその存在を認知している方です。しかし、市民の中には行政が認知できていないプロが存在することがあります。

　市民の中のプロの存在について、以前、図書館の附属機関である図書館協議会の委員を公募したときのこと、応募者の中に国立国会図書館の

職員がいました。また、情報公開・個人情報保護審議会の委員を公募した際には、著名な民間企業で個人情報保護を担当している方からの応募がありました。

皆さんのまちにも、**隠れたプロが存在する**はずです。広く募集をかけて、プロを発掘しましょう。

◆ 選考では「基準」の準備が必要

公募市民に期待する３点のうち、どの観点を重視するかにより、プロ視点がほしければ、応募の際に論文を提出してもらうなど選考方法や選考基準も異なってきます。

しかしいずれの場合も、あらかじめ**採点基準の準備**が必要です。応募者はそれぞれがやる気をもって応募してきます。落選の結果となった場合、選考基準の妥当性や選考過程の透明性が問われる可能性があります。

◆ 公正な人選

さて、附属機関は、行政に対して答申等を行いますので、今後の行政の方向性＝税金の使途に一定の影響を及ぼします。そのため議会やマスコミ等から、委員登用の妥当性に疑問が呈されることも考えられます。

2020年９月、アメリカのドナルド・トランプ前大統領が、死亡したリベラル派判事の後任として、保守派が歓迎する判事を指名しました。これにより、最高裁判事の構成（定数９人）は６対３で圧倒的な保守優勢となったことに批判の声が挙がりました。

同様のことは附属機関委員の人選にもいえます。行政としてはこれらのことを意識し、採用過程や結果をオープンにすることが必要です。

TIPS ●ポリシーを確立して人選する。

◆ シンポジウムで得られる3つの効果

　特定のテーマについて討論を行うシンポジウムには、3つの効果が期待できます。

　第一に、**専門性・当事者性を獲得しながらの政策づくり**です。シンポジウム開催には、会場費・講師謝礼といった経費がかかります。税金を財源に経費をかけて行うということは、行政としては当然のことながらかなえたい意図があります。シンポジウムは、専門家や当事者代表等が登壇した上で、ブラックボックスではなく公開で行うものですから、透明性を確保しながら今後の政策の方向性を決める正当性の根拠ともなります。そのためにも、講師から会場への一方通行ではなく、会場からの質問時間もセットして双方向性を確保することが望ましいといえます。

　第二に、**情報・知識のレベル合わせ**です。シンポジウムの開催告知を見て参加の応募をする方がその特定のテーマに関心があることは間違いありません。しかし、あらかじめ持ち合わせている情報・知識は異なります。言葉を何となくしか聞いたことがない人から、登壇する講師の名前を知っている人、関係する本を読んだことがある人、その分野を研究している人、その当事者であるなど人それぞれです。こうした様々な参加者の情報・知識レベルを一定程度に揃える働きがあります。

　第三の効果です。シンポジウムの講師として、学識経験者と実践活動家を混ぜると、実践者による具体的な実践活動の発表を、学識経験者が理論化してくれることがあります。理論化されると、参加者は腹落ちしやすくなります。また、実践例の紹介を聞いた**参加者に意識改革をもたらし、具体的に提示された実践活動への参加を促す**効果も期待できます。

◆ 打上げ花火化という欠点

さて、シンポジウムには３つの効果がある一方で、欠点もあります。それは、一過性の打上げ花火と化してしまいがちなことです。

これは、イベントに共通することなのですが、たとえば、伝統ある神社の祭礼ではない、行政主導の祭りを例としましょう。祭りが「楽しかった」「有意義だった」で終わりになっては、本当は有意義ではありません。行政主導の祭りの真の目的は、地域の活性化、住民意識の向上、コミュニティづくり等のはずです。当日は盛り上がったが祭りの翌日からはまた赤の他人、これではもったいない。シンポジウムをはじめイベントでは、**せっかく高まった熱を次につなげる何かが必要**なのです。

◆ エビデンスへの活用も期待できる

シンポジウムで高まった熱、これを次につなげるということは、実は、誰に、または何につなげるのかという観点で２つの意味を持っています。

一つはすでに述べたとおり、シンポジウム参加者の意識改革や行動変容につなげるということです。

もう一つは、行政として政策展開のためのエビデンスに活用するということです。

ここでアンケートが活用できます。アンケートを通して、参加者にシンポジウム内容の振り返りと意識改革・行動変容を促すとともに、アンケート結果に表れた市民意識を政策の展開に活用するのです。

TIPS　◉効果を意識しながらシンポジウムを設計する。

❽ ≪Planへの参加≫ シンポジウムのアンケート

◆ 終了時に実施するアンケートの設計

　シンポジウムでの参加者の意識改革や市民意識の収集といった、含意を持ったアンケートは、どのように設計すればよいのでしょうか。

　アンケート設計にあたっての一般的な注意事項は本章❹のとおりです。その上で、シンポジウム終了時に実施するアンケートに特化したポイントを示します。

　行政側としては真の狙いとなる設問を早く置きたいところですが、市民の真意を引き出すにはやはり順番というものがあります。アンケートに回答するという行為に対するアイスブレイクが必要です。オーソドックスに大くくりの年齢、住所といった負担感なく答えられる設問を導入部に置きます。

　真の狙いとなる設問について、3つの実例からポイントを見ていきましょう。

（1）減災シンポジウム終了時に実施したアンケート

　東北地方のある自治体が実施したアンケートです。全8問で構成され、属性やシンポジウムの感想などを聞いた後、次の設問が出てきます。

問4　本日のシンポジウムに参加する以前に、減災について考えたことはありましたか。
　1　よく考えた　　2　たまに考えた　　3　考えたことがなかった
問5　本日のシンポジウムに参加して、減災についての意識が高まりましたか。

1　非常に高まった　　2　やや高まった　　3　変化しなかった
（問6　省略）
問7　今後、どのような減災についての取組みが最も重要だと思いま
　　すか。
　　1　災害に関する学習　　2　食料や飲料水などを備蓄すること
　　3　ラジオ、懐中電灯等が入った非常用持出袋の準備
　　4　危険箇所や避難場所・避難ルートを確認すること
　　5　家族・地域・社内での話し合い　　6　防災訓練への参加
　　7　日々の地域活動への参加と地域の方々との交流
　　8　減災につながる技術や製品の開発研究　　9　その他
　10　取り組んでいない

　シンポジウムの効果を尋ねるには、参加前後での変化を尋ねる質問が
効果的です。たとえば、シンポジウムのテーマに対する関心の変化を尋
ねる質問です。
　問4と問5が、参加者の意識についての before ／ after となってお
り、意識改革につながっているかを検証しています。アンケート結果は
次のとおりです。

問4　　1　よく考えた　49%　　　　2　たまに考えた　41%
　　　　3　考えたことがなかった　10%
問5　　1　非常に高まった　46%　　2　やや高まった　47%
　　　　3　変化しなかった　5％　　4　未回答　2%

　問5の選択肢1・2を合計すると、実に参加者の93％の意識改革に
つながっています。
　問7では、具体的な行動変容を促しています。結果を見ると、多い順
に「日々の地域活動への参加と地域の方々との交流」19%、「家族・地
域・社内での話し合い」15%、「危険箇所や避難場所・避難ルートを確
認すること」13%等となっており、「取り組んでいない」と回答した人
は0人となっています。

（2）老朽化した公共施設の在り方を考えるシンポジウム終了時に実施したアンケート

　関東地方のある自治体が実施したアンケートです。全9問で構成され、属性やシンポジウムの感想などを聞いた後、次の設問が出てきます。

　問7　公共施設の現状や課題についてどのように思いますか。シンポジウム参加前後の気持ちをお聞かせください。

（1）状況把握

【シンポジウム開催前】

　　1　状況はわかっていた　　2　どちらでもない

　　3　状況を知らなかった

【シンポジウム開催後】

　　1　状況が（より）わかった　　2　状況がまだよくわからない

　　3　どちらでもない

（2）問題意識

【シンポジウム開催前】

　　1　問題である　　2　どちらでもない　　3　問題ではない

【シンポジウム開催後】

　　1　問題である　　2　どちらでもない　　3　問題ではない

　問8　今後、市が開催するワークショップ等のイベントに参加したいと思いますか。シンポジウム参加前後の気持ちをお聞かせください。

【シンポジウム開催前】

　　1　参加したいと思う　　2　参加したいと思わない

【シンポジウム開催後】

　　1　参加したいと思う　　2　参加したいと思わない

　　3　どちらでもない

　シンポジウム参加者の意識の変化を可視化し、シンポジウムの効果を測定する設問が問7で、参加者の意識についての before ／ after となっています。アンケート結果は次のとおりです。

（1）状況把握
【シンポジウム開催前】
　　1　状況はわかっていた　78.1%　　2　どちらでもない　1.6%
　　3　状況を知らなかった　7.8%　　4　回答なし　　　　12.5%
【シンポジウム開催後】
　　1　状況が（より）わかった　　70.3%
　　2　状況がまだよくわからない　3.1%
　　3　どちらでもない　0%　　4　回答なし　26.6%
（2）問題意識
【シンポジウム開催前】
　　1　問題である　　71.9%　　2　どちらでもない　6.3%
　　3　問題ではない　1.6%　　4　回答なし　　　　20.3%
【シンポジウム開催後】
　　1　問題である　　70.3%　　2　どちらでもない　1.6%
　　3　問題ではない　　0%　　4　回答なし　　　　28.1%

　　参加者の7割がもともと問題ととらえていた上、シンポジウムを通じてより一層の状況把握につながっています。

　　せっかくのシンポジウムを一過性の打上げ花火としないための設問が問8です。シンポジウムの次のステップであるワークショップへの参加を募っています。「参加したいと思う」は、シンポジウム開催前に47人（73.4%）でしたが、開催後には1人減って46人（71.9%）となっています。減った理由は不明ですが、それでも46人ものワークショップ参加候補者の獲得へとつながっています。鉄は熱いうちに打て、です。

（3）駅周辺地区再開発での施設整備に係るシンポジウム終了時に実施したアンケート

　　四国地方のある自治体が実施したアンケートです。全9問で構成され、属性やシンポジウム参加の動機などを聞いた後、次の設問が出てきます。

問5　新たな「ホール」で、特に重視すべき視点は何ですか。
　（複数回答可）
　　1　機能を重視したシンプルな施設
　　2　デザイン性を重視した質の高い施設
　　3　市民団体などが主体的に運営に関わっていく施設
　　4　従来どおり、公共団体が直接、管理運営を行う施設
　　5　音楽や演劇などに特化し、専門性を打ち出した施設
　　6　幅広い市民活動に対応する多目的な施設　　　　7　その他

　奇数番号の選択肢と偶数番号の選択肢とが対になり、意見を比較しやすくなっています。ちなみに、アンケート結果は次のとおりです。

1　機能を重視したシンプルな施設　　　　　　　　39%	2　デザイン性を重視した質の高い施設　　　　　　24%
3　市民団体などが主体的に運営に関わっていく施設　45%	4　従来どおり、公共団体が直接、管理運営を行う施設　4%
5　音楽や演劇などに特化し、専門性を打ち出した施設　23%	6　幅広い市民活動に対応する多目的な施設　　　　66%

◆ 施設整備に関するアンケートで重視すべき視点

　新たな施設を整備するというと、「わが町のシンボルに」「子・孫の世代に誇れるものを」と夢が膨らみ、建設費の収拾がつかなくなりがちです。さらに、建設費のみでなく、東京オリンピックを機に建設したスポーツ施設について、今後の維持管理に莫大な費用がかかると報道されているように、負担は何十年にも及びます。子・孫への財産どころか、負担を残す結果となりかねません。

　私が以前管理をしていた公共施設は、デザイン性が高く、築20年を経過していても、視察者の多い人気の施設でした。しかしある日、一室が豪雨により漏水被害を受けました。建築職に聞くと、デザイン性を重視すると、どこかに構造上の無理が生じることが多いということでした。

四国地方のこの自治体がどのようなホールを企図しているのかは知る由もありませんが、「**市民の意見を踏まえ**」、選択肢１と２とで「**デザインより機能性を重視したシンプルな施設**」、選択肢３と４とで「**直営ではなく市民協働の施設**」、選択肢５と６とで「**専門施設ではなく多目的施設**」という方向性を導き出しています。賢明な判断だと思います。

◆ オンラインシンポジウムとアンケート

　コロナ禍でオンラインによるシンポジウムの機会も増えました。オンラインシンポジウムに合わせて行うアンケート設計上のポイントは、これまで述べてきたものと基本的には変わりませんが、**WEBアンケート特有の注意点**を述べます。まず、次の点が長所として挙げられます。

- 印刷コストが発生しない
- 複数の選択肢の中から１つ選ぶときは「ラジオボタン」、複数選択は「チェックボックス」を用いるなど、誤入力を防止できる
- 結果の集計、グラフ化が簡単
- 単純集計だけでなくクロス集計もできるため、これを分析することでより有効な施策が検討できる

一方、短所もありますので、その解決策とともに述べます。

- 紙と違って全体のボリュームがわからないため、敬遠される

（解決策）冒頭に「想定回答時間は５分です」、１問終了するごとに「あと○問です」と表示する

- パソコンやスマートフォンに不慣れな人の回答を収集できない

（解決策）十分なコロナ対策を施したホールでライブまたはビデオ中継し、終了後に紙のアンケートをとる

　オンラインに限らず、アンケートの弱点は事前に洗い出しておき、補完策を検討しましょう。

TIPS
- ◉シンポジウム後のアンケートで参加者の意識改革や行動変容を促す。
- ◉エビデンス獲得による政策展開につなげる。

◆市民がボランティアに参加したくなるきっかけ

　ボランティアは、自発性と社会性・公益性とを兼ね備えた行動として見れば、PlanやCheckへ参加する行為も当てはまりますが、ここでは、ごみ拾い、通学の見守り、災害時の支援、通訳、福祉活動といった、実際に汗をかく活動を指すこととします。

　自分の時間を使ってボランティア活動するきっかけは、**何らかの現状を放っておけないマインドが存在する**からであるとともに、その活動は**自らが好むテーマで何らかの楽しさを内包している**からといえます。

　たとえば、ごみが散乱している状態を放っておけない人もいます。こうした方はごみを拾って美化されると満足感を得ることができます。この行為は同時に、社会に貢献し、公益に寄与しています。

　通訳ボランティアは、自分の語学力を生かせるという喜びがあります。そして同時に、困っている外国人の支援という公益性を持っています。

　そもそも、**人は社会的存在であり承認欲求を持っています**。これは、「他者から認められたい、尊敬されたい」という欲求です。人間は根源的にこうした欲求を持つ一方、日本人にはシャイな側面があり、内心では気付いていても行動へ踏み出すことに臆してしまうことがあります。

　こうした層へ、そっと後押しする仕掛けを、行政が用意することが効果的な場合もあります。この「そっと後押しすること」をナッジ（Nudge）といいます。安心・安全パトロールは、私服で活動してもらっても構わないのですが、腕章や帽子を配り、これを着用してもらうことが公益的活動を行っていることのサインとなる効果を生みます。この場合、腕章や帽子を配付することがナッジとなります。

◆ ボランティア団体の課題

　ところで、個人ボランティアの場合、やむを得ないことですが自己都合で休まれてしまうといったことがあります。

　そこで、行政としては、個人と直接やり取りするのではなく、自己統制や代替機能が起動するボランティア団体への誘導が好ましい側面もあります。団体内において、自己都合で安易に休めない牽制機能が働いたり、参加予定の人に支障が出たときに代替の人を派遣する動きが出たりすることにより、安定性が増すからです。しかし、ボランティア団体にも課題があります。

　全国社会福祉協議会が2009年度に実施した「全国ボランティア活動実態調査報告書」によれば、活動を困難にしている原因は多い順に次のとおりです（複数回答）。

　1　メンバーが高齢化している（65.3％）
　2　新しいメンバーが集まらない（56.7％）
　3　中心となるメンバーが不足している（35.9％）

　一方で、内閣府が2019年に行った「市民の社会貢献に関する実態調査」によると、参加の妨げになる要因は多い順に次のとおりです（複数回答）。

　1　参加する時間がない（51.4％）
　2　ボランティア活動に関する十分な情報がない（34.1％）
　3　参加するための休暇が取りにくい（28.3％）

　注目すべきは、全国ボランティア活動実態調査報告書の１位から３位までと、市民の社会貢献に関する実態調査の２位です。ここを橋渡しする、すなわち**意欲はあるが、ボランティア関係の情報が到達していない層へ、行政の特徴である広範な広報力を使って情報を届ける**ことにより、閉塞状況からの突破支援を行うことが考えられます。

TIPS　◉行政はボランティアのナッジとなる。

≪Checkへの参加≫
行政評価

◆ 行政評価にもバリエーションがある

　自治体によって、政策評価、施策評価、事務事業評価、業務評価、事務事業総点検等名称は異なりますが、これらを総称したものが行政評価です。

　まず、一口に行政評価への市民参加といっても、皆さんの自治体で行政評価を実施しているか否か、実施している場合、それは内部評価か外部評価かで異なってきます。内部評価とは職員のみで行うもの、外部評価とは職員以外の外部の評価者によるもので、外部評価者の多くは大学教授等の有識者ですが、市民を登用することもあり、ここに市民参加の可能性が出てきます。

◆ 市民を登用することの意図

　では、外部評価員に市民を登用する場合、その意図は何でしょうか。一つが**透明性の確保**であることは明白ですが、もう一つは**事業の改廃**にあります。

　自治体が行う事業にはすべて、その事業の実施によって恩恵を受けるステークホルダー（利害関係者）が存在します。ステークホルダーにはその事業の対象者である市民もいますし、その事業を受注する事業者もいます。財政状況等を踏まえたときに、行政として改廃すべきと考える事務事業があっても、ステークホルダーの存在を踏まえるとこれを躊躇するマインドが働きます。そこに切り込むときに、市民を含めた外部評価員による評価の結果は、**行政判断に対する正当性の根拠**となります。

したがって、行政評価の外部評価員として市民を登用しようとする際には、その意図を十分勘案の上、市民の一般意志を反映させたいのか、ステークホルダーの特殊意志を反映させたいのか、これらのミックスにより合意形成を図りたいのかによって、募集方法が異なってくることに注意が必要です。

　ここで、政治学を少しおさらいします。18世紀フランスの思想家・ルソーは、人民の意志を次のように分類しています。

■人民の意志

一般意志（普遍意志）	公共の利益（共同体の共有の利益や福祉）を目指す、個々の利己心を捨てた全人民的な意志であり、人間の自然的本性に根差した普遍的な意志
特殊意志	個々人が自己の利益のみを目指す意志
全体意志（集合意志）	特殊意志の総和

　政治思想と行政実務とはこのようにリンクし、現代社会に適用できるものです。

◆ 行政評価を依頼するときの注意点

　このほか、評価会議を公開で行うか非公開で行うか（傍聴者を入れるか入れないか）、傍聴者に発言の機会を与えるか否か、傍聴者の発言をどのように取り扱うか（参考意見か）、外部評価結果を行政判断に直結させるかなど、設計時に十分考慮し、設計内容そのものについての説明責任が果たせるよう準備した上で実施することが求められます。

TIPS　●外部評価員登用にあたっては意図の明確化と制度設計が重要。

⓫ ≪Actionへの参加≫ 反省会

◆反省会でノウハウを蓄積する

　市民参加型事業を含む事業の多くは、それが終わった瞬間で文字どおり「終了」します。多忙な職員は別の事業に着手することとなり、終了した事業は翌年度まで省みられることはありません。

　しかしこれは大変もったいないことです。**事業を実施している最中で経験した失敗やちょっとした工夫も、時の経過とともに、また、携わった職員の異動やボランティアの解散とともに忘れ去られてしまいます。**そして、翌年度、また同じ誤りを繰り返すのです。

　市民参加型事業が終わったら、必ず市民を交えて反省会を行いましょう。「反省会」という名前が少しネガティブに感じられるようであれば、「打上げ」でも構いません。打上げの前半は、反省会を真剣に行います。市民ボランティアだからこそ気付いた知見が必ずあるはずです。その上で、後半はお互いの労をねぎらい打上げを行う。このプロセスでさらなる結束が生まれ、次の参加へとつながっていきます。

◆反省会で改善効果が得られる

　ごみ拾いイベントを例に反省会で得られた効果を挙げましょう。

　ごみ拾いの対象エリアに対して参加者が少なかった、この場合、参加者は広大なエリアで膨大な量のごみを集めることとなり、負担が重かったはずです。負担が重ければ改善案も湧いてきます。どこに声をかければより多くのボランティアが集まるか、対象エリアをどの程度にすべきかアイディアを集めます。

逆に参加者が多かった場合、空のごみ袋を手に少ないごみの争奪戦が繰り広げられます。喜ばしい光景かもしれませんが、せっかく集まったマンパワーがもったいない。楽だったと思う反面、社会貢献意欲の高い参加者の中には不満の残る方がいるかもしれません。不満は改善の種、たとえば、参加者の一部をごみを活用したアート展示の担当に回し、一般の来場者へ啓発を行ってはどうかといったアイディアが出てくるかもしれません。

ところで、一過性のイベントは、参加している間こそ機運が高まるものですが、イベントが終わると収束してしまう打上げ花火のようなものです。その火種を炭に移し、継続的な活動へと導いていくことが大切ではないだろうか、そのために、イベント開催時に、ごみ拾いボランティア団体への加入受付ブースを設けてはどうかといった、行政としては願ってもないようなアイディアも出てくるかもしれません。

アイディアを出した人は、その行方を見守るものです。**自分の意見が行政に採用されることは、私たちが思っている以上に価値あることとして受け止められます。**提案者は、自分の意見が採用されてバージョンアップした来年度のごみ拾いイベントにも積極的に参加してくれることでしょう。場合によっては、ボランティアリーダーとして活躍してもらえるかもしれません。ぜひ協力をあおぎましょう。

◆ 庁内での引継ぎもしっかり行う

市民参加型事業において「担当者が替わったら活動が低調になった」とはよく聞くところです。

人事異動がある職員と異なり、地域住民や特定の課題に関心のあるボランティアは変わりませんから、定期的に替わる担当者をよく見ています。後任が困らないようノウハウや注意点をきちんと引き継ぎましょう。

TIPS ●参加者の知見を改善に活かし、次の参加へとつなげ、まちづくりの輪を広げていく。

ボランティア体験

皆さんはボランティア活動をしたことがありますか。ボランティア活動を自らやってみることは、何らかの気付きをもたらしてくれます。私が参加したボランティア活動から、自治体職員として有益だったものを紹介します。

1　特別養護老人ホームでのボランティア

　ある社会福祉法人が運営する特別養護老人ホームで入浴介助を行ったときのこと。週に数日しか回ってこない入浴日です。特養は要介護3以上の方が入所する施設、ストレッチャーに裸で乗せられ、浴室前には渋滞ができます。驚いたのは、入浴順に男性も女性もなく、流れ作業で回していかないと数がこなせないということです。

　また、頻繁にナースコールを押す人がいて、用件を聞きに行くと、「前から職員さんにお願いしてあるんだけどやってくれないのよ」ということでした。そこで職員さんに伝えたところ、「○○さんは認知症だから聞き流しておけばいい」という返事でした。

　利用者の方にじっくり寄り添う余裕がなく、人権が軽視される結果となってしまっている福祉の実態がよく理解できました。

2　知的障害者施設でのボランティア

　ある社会福祉法人が運営する知的障害者施設へボランティアに行きました。知的障害者と一緒にレク活動をすることは、こちらも安らぎを覚えるものでした。また、施設で働く職員と会話する中で、職員の本音や志に触れることもできました。

　その数年後、障害者福祉の担当となったのですが、仕事として表面的にかかわるのではなく実態を理解した上で携わることができました。

　ボランティアにはいろいろなものがあります。2番目に挙げた知的障害者施設では、日帰りバス旅行に付き添う単発のボランティアもありました。ライトに入りやすいところから入ってみるのも手です。

第5章

市民との
関係づくりの
ポイント

市民が積極的に参加しやすい環境をつくるためにも、
良好な関係を築くことが重要です。この章では、市民
との間にある壁を取り除く方法をお伝えします。

❶ あらかじめ フィールドワークしておく

◆ フィールドワークでまちの成立ちの気付きを得る

　自治体職員とはいえ、自治体全域を熟知しているということはまれでしょう。市民参加型事業を行おうとするエリアを熟知していれば問題ないのですが、そうでない場合、事業の前にフィールドワーク（現地調査）しておくことをお勧めします。なぜなら**まちの成立ちがリアルに見えてくる**からです。なお勤務時間中にスーツで行ってもよいのですが、休みの日に私服で行うほうが自然なまちの姿が見えて効果的です。

　フィールドワークで効果が得られた実例を挙げます。ある施設の移転を検討する市民参加型会議が開催されたときのことです。その施設は駅前にありますが、移転先は駅から800メートルほど遠ざかるため、反対意見が予想されました。

　そこで、会議開催の前にフィールドワークをしました。そして、実際に駅から移転候補地周辺を歩く中で、次のことに気が付きました。

- 駅周辺に集客施設が集結することは、便利で相乗効果がある一方、駅周辺から人が流れないことにもなる。
- 当エリアも人口減少が予想されている。駅から移転候補地までの間には、A和菓子店、B眼鏡店、C理容室等の小さな商店街が形成されているが、このままでは商店街が消えていく可能性がある。1日の利用者数が約400人に上る当施設が移転すれば回遊性が生まれ、その動線上にある商店街、ひいてはまちが活性化する。
- 現に、移転候補地と別方向ではあるが、同じく駅から700メートルほど離れたところに立地しているD鮮魚店は、安価なため活況を呈している。駅から同鮮魚店への動線上にあるE洋品店、Fクリーニ

ング店等の商店も恩恵を受けている。

- これらのことを踏まえると、まち全体の活性化のためにも、当施設の移転は起爆剤となる。

フィールドワークで得られた気付きについて、「A和菓子店」「B眼鏡店」「C理容室」「D鮮魚店」「E洋品店」「Fクリーニング店」といった**具体的な名称を入れながら論理的に説明することで、参加した市民の理解が進み、説得力が増します。**

なお、事前に地図を概観しておくとともに、土地勘のないエリアなら、エリア内に住んでいる職員から概況を聞いておくのもよいでしょう。

◆ 市民視点で臨むと実態が見えてくる

市民視点の重要性という観点からフィールドワークの一例を挙げます。

私は、ある施設を管理する役職へ異動する内示が出た3月下旬に、その施設を私服で訪れました。職員にはまだ面が割れていません。入館しましたが、「こんにちは」などのあいさつがない、雰囲気が暗い。これは改善の宝庫だと強く認識して4月に着任しました。

刑事ドラマで「現場100回」といいます。犯人探しではないので100回は不要ですが、**自分の目にバイアスがかからないうちにフィールドワークをしておく中で、市民視点で素直に見えてくる**ものがあります。フィールドワークの中で得た市民視点での気付きをもって市民参加型事業に臨むと、仕事上、表面的に形を整えようとしているのではなく、当地域を市民視点で理解してくれている、当地域のために汗をかく覚悟があることがにじみ出てきます。

市民参加型事業の推進にあたって、このことが好意的に受け止められるであろうことは明白です。担当者の皆さんにとって、フィールドワークは欠かせないといえるでしょう。

TIPS ●市民視点でのフィールドワークで得た気付きを説明や事業推進に活かす。

❷ Think CIVILITYで 対等な関係づくり

◆ 異質の二者の出会いは礼儀で和らげる

　私たちは自治体という「組織」に所属する人間であり、市民参加型事業に「仕事」として取り組み、できることなら円滑に「こなす」ことがミッションです。これは労働の対価として給与をもらって働いている者としての事実であり、そのこと自体が問題なわけではありません。しかし、参加型事業に集まった市民は、自らの意志で自分の余暇時間を使い参加した個人であり、組織の命を受けたわけではありません。

　行動原理の異なる異質の二者の出会いです。はじめから反感を抱かれては、良い関係は築けません。

　私が大学時代に塾講師をしていたとき、先輩講師から受けた助言が印象的でした。初めてのクラスに入室するとき、「牛小屋に入ってきた人を吟味する牛と同じように、生徒は、味方（エサをくれる人）なのか、敵（屠畜場へ連れて行こうとする人）なのか、講師を吟味している」というのです。これを解決するために、場を和ませるはじめのアイスブレイクが肝要です。

　クリスティーン・ポラスの『Think CIVILITY 「礼儀正しさ」こそ最強の生存戦略である』（東洋経済新報社）をご存じでしょうか。この副題こそがすべてを表しています。**アイスブレイクでは礼を尽くして味方につけることが肝**なのです。

◆ 対等な関係づくりの４つのポイント

　第一に、**誰よりも早く会場入りしましょう**。動線を確認し、参加者が

円滑に会場へたどり着けるように案内表示を掲示します。雨天であれば傘立てを準備します。冬季であればコート置き場を用意します。空調を適温に設定します。資料はきちんと揃えて並べます。何気ないこうしたことも気配りの一つです。

第二に、**入口で来場者をウェルカムモードで迎えます**。壇上や座席ではなく入口にいることでより温かみが出ます。参加者も初の試みに緊張しています。温かくお迎えすることで、場の雰囲気をつくります。

第三に、開会時のあいさつです。参加型事業に集まった市民を前に、小声でむにゃむにゃ説明すれば、「聞こえないよ！」との声も飛んできます。**大きな声、かつ、早口にならず適度なスピードでのあいさつは、**それだけで信頼感を醸成します。市民参加の場面だけでなく、自治体職員は明瞭かつ大きな発声ができるとよいでしょう。自然災害時、電源の切れた避難所では、地声で住民を導かなければなりません。

第四に、**あいさつの中で使う言葉**です。私は「定刻になりました」はNGと考えています。ビジネス感が出て冷たい感じです。「今日はご苦労さまです」も上から目線のためNGです。私は「皆さん、こんにちは」で始めています。「皆様」ではお客様です。市民参加型事業は上下関係ではなく、対等の関係で進めたいはずです。そこで、「皆さん」と呼び掛けることで対等のイメージを出します。続く「こんにちは」は語尾を少し上げます。語尾を下げるとつぶやくように消えていき、一方通行に終わります。しかし、語尾を上げることで明るいイメージとなるとともに、中にはこれに自然と応えてくれる方もいます。そこで一呼吸置いた後、「本日はようこそ○○にお越しくださいました」と歓迎の謝辞を述べます。

話の内容とともに話し方、表情などの非言語情報がコミュニケーションにおいて重要というメラビアンの法則は有名ですが、人は、相手の印象から多くの影響を受けます。まずは場をつかむこと、これに成功できてこそ、相手の話を素直に聞く準備ができるのです。

TIPS ●**実務的な話は、アイスブレイクしてから始める。**

❸ 対話・接遇は
関係づくりの第一歩

◆ 市民と行政の関係は場面によって異なる

　市民と行政との関係を考えたときに、場面によっていくつかの異なる側面があります。たとえば次のような関係があります。

■市民と行政との関係

市　民	市民に対する行政のスタンス
納税者、申請者	お客様
違法行為者	執行官

　真逆ですね。時と場合に応じ、私たちは複数のスタンスを使い分けています。先に述べたとおり、市民参加型事業は上下関係の縦系統ではなく、対等・パートナーシップを旨として横につないでいくものです。それでは、お客様という側面も持つ市民に対し、完全なる水平・対等で対応することが妥当なのでしょうか。

◆ 参加する市民に対するスタンスはどうしたらいい？

　市民参加型事業では、「対等」と「お客様」との間ぐらいのスタンスで関係をつくることが妥当でしょう。理由は、対等な関係で進めていく市民参加型事業という行政主導の取組みでありつつも、これに参加する市民は納税者であるからです。納税者とは、会社に置き換えれば出資者、株主です。株主は、株主総会へ出席するとき、自分が預けた資産が目減りするような会社運営がなされていないかチェックする視点で臨みます。市民も同じ、ましてや行政運営に関心があって参加する市民で

114

す。汗水流して得た所得の中から納めた税金で雇われている公務員の対応が、気にならないはずがありません。そこで、円滑な関係を築くために、適度な接遇が求められます。

　一般にホテルなどの接客業に比べると、行政職員のホスピタリティは低いと言わざるを得ません。もちろん、ホテルやレストランのように「いらっしゃいませ」とお迎えする必要はありません。新規採用職員のときの接遇研修のカリキュラムの中で、キャビンアテンダントの講師のもと、「いらっしゃいませ」と全員で唱和したときに強い違和感を覚えました。「対等」も必要になる行政の場合、特に市民参加の場面では、この言葉はむしろうわべだけのもので、無礼なようにも感じられます。

◆ いたわりが感じられる適度な接遇

　接遇とは、相手に対する尊重の気持ちや配慮を行動を通じて表現する「思いやりのコミュニケーション」であり、態度・言葉遣い・表情を含みます。相手への配慮を重視したコミュニケーションにより良好な関係が築かれ、これがさらに積み重ねられることで信頼が醸成されていくものです。こうして考えると、**接遇は、信頼を築くチャンス**といえます。

　では、「対等」と「お客様」との間ぐらいの接遇とは、具体的にどういったものでしょう。私は、家族や友達であれば声を掛けるような、プラスアルファの一言だと思います。一例を挙げます。

(1)　活動日が雨のとき

　「こんにちは。雨の中、ありがとうございます」

(2)　酷暑のとき

　「こんにちは。今日はひときわ暑いですね、お変わりありませんか」

相手へのいたわりが感じられ、相手との間に共感を生む言葉と表情。**共感には、心の距離を近づける効果がある**のです。

TIPS　●プラスアルファの一言で心の距離を近づける。

4 絶対にやってはいけない 「行政の肩代わり」

◆ ある説明会でのあり得ない説明

　自治体職員は、「公務員」として税金を原資に収入を得るとともに、「市民」として納税する存在でもあります。その2面性を活かし市民と良い関係を築くためには、**市民目線のアンテナで、自らの言動がどう映るか考える**ようにしましょう。

　これまで行政が行ってきたことを市民に投げ、行政の肩代わりをさせるような説明はNGです。行政のやるべきことを押しつけているような印象をもたれたら終わりです。

　かつて、市民の一人として参加した集まりで、説明に出た事業担当職員が発した言葉に耳を疑いました。

　「税収が減っているので、これからは市がやるのではなく、皆さんがやってください」

　皆さんが市民の立場でみたとき、この説明をどう感じるでしょう。

　私たち公務員は、「仕事」として公共的活動を行っていますが、その仕事を、明日からは無償でやってもらいますと言われたらやるでしょうか。

　幸い、その時はもめることはありませんでした。しかし、「行政の責任放棄だ」「私たちに行政の肩代わりをしろというのか」「我々はそんなに暇ではない」「あなた方公務員の給料を削って財源を捻出すればいいじゃないか」などの反発が容易に予想されるところです。せっかくやる気を持って集まった市民のやる気をそぎ、参加型事業が台無しになるところでした。人にはプライドがあります。「行政の肩代わりをしてくれ」と言われて、「わかりました」となるほうがまれでしょう。

　公園の草刈り、道路のごみ拾い、市民利用施設の管理運営など単純作

業ととらえられがちな活動等にボランティアをお願いするときに起こり
がちな誤りです。

◆ 起点は個人的なきっかけだということを忘れない

　参加型事業に集まる市民は、それを生業としているわけではなく、余
暇活動の一つとしての参加なのです。余暇に何をしようがその人の自由
です。関心は人によって異なり、人は、**自分がやりがいを見出すことに
時間を使います**。これに加え、人は**他者から認められたいという承認欲
求を持っています**。この**重なるところがポイント**なのです。

　個人的な自由時間を使う余暇活動が、副次的に公益に資する結果を招
くことがあります。行政と市民の意図が合致するものを発見すべきであ
ると第2章で述べましたが、単純化して述べると次のようになります。

■個人的なきっかけと副次的にもたらされる公益的な結果

個人的なきっかけ	公益的な結果
健康維持のための散歩	まちの安全・安心の見守り
子どもたちとの交流による活性化	登下校時における子どもたちの見守り
園芸が趣味	公園の花々の手入れ
読書が趣味	図書館ボランティア

　きっかけは個人的な関心事であり、ここがスタートなのです。これを
取り違えてはなりません。冒頭の担当職員による説明は主従が逆転して
います。行政として得られる効果は、あくまでも副次的な効果なのです。

　このことがわかっているかどうかで展開が全く変わってしまう可能性
があります。ここは、最大限の注意が必要なポイントです。しかし、安
心してください。「公務員としての仕事」ではなく、市民視点で考えれ
ば、当然気付けるはずのことです。

TIPS ● 「行政の肩代わり」を快諾する人はいない。

◆「行政」の定義

　普段私たちは何気なく「行政」という言葉を使っています。

　ところで、行政って何でしょう。

　憲法では、「立法」「司法」と対置され、三権分立制の一翼を担うものとされています。立法、司法の定義は比較的容易といえますが、広範な分野で活動を繰り広げる「行政」を定義づけることはなかなか困難です。そこで、「行政」とは、「立法」と「司法」の機能を控除した残余のものと考えられています。

◆「行政機関」

　さて、自治体職員は一般に行政機関に所属しています。

　前項で、参加型事業を展開するにあたって、「行政の肩代わり」をお願いするのはNGと述べました。ここでいう「行政」とは、「行政機関」や「行政職員」です。

　「税金を払っているのに、『行政機関』や『行政職員』の肩代わりをせよとは何事か！」という意見には、ごもっとも……と引き下がるしかないでしょう。

◆「行政活動」

　ところで、皆さんの自治体には、行政運営の方針をまとめたものが存在するでしょうか。

静岡市の第３次行財政改革推進大綱は、2022年度に目指すべき行財政改革の将来像を基本理念として描き、そこからバックキャストする形でまとめられています。基本方針としては次の３つを掲げています。

　　1　市民協働・官民協働の推進
　　2　質の高い行政運営の推進
　　3　持続可能な財政運営の確立

　基本方針の２と３を実現すべき主体が、「行政機関」や「行政職員」であることは明らかです。では、市としての「行財政改革」推進大綱の中に「市民協働・官民協働の推進」が出ている……。これをどう解釈すればよいのでしょう。

　ここで、行政の定義に立ち返ると、「行政」とは、「立法」と「司法」の機能を控除した残りの幅広いものです。

　したがって、行政活動とは、この幅広い活動を指します。「**行政活動**」**を**「**まちづくり活動**」**に置き換えるとわかりやすいでしょう。**

　すなわち、基本方針の１は「行政活動」≒「まちづくり活動」への市民協働を指しているのです。そして、「行政機関」や「行政職員」は、まちづくり活動に市民協働・官民協働を推進していこうと述べているのです。

　「行政の肩代わり」という言葉について、「行政」という言葉が持つ２つの含意を踏まえると、次の使い分けが妥当といえるでしょう。

　　×　行政（機関・職員）の肩代わり
　　○　まちづくり（行政活動）への参加

　私たちが何気なく口にする「行政」、それはどちらを意味するのかをよく考えましょう。そして、自治を芽吹かせるために、必要に応じてわかりやすい言葉に置き換えて使いましょう。

TIPS　●行政活動≒まちづくり活動。

⑤ レイアウトで二項対立の構図を回避する

◆ 議会の間取りが象徴するもの

皆さんの自治体の議会はどのような間取りになっているでしょうか。一般的には国会議事堂本会議場を模した、対面配置のひな壇型議場となっているのではないでしょうか。空間設計は、それ自体が何ものかを象徴し、支配します。**ひな壇型という間取り自体が、行政VS議員という二項対立をあおっている**という見方もあります。

一方、首長とは別に直接公選されている議員同士で議論を展開する場として、静岡県、静岡県掛川市、愛知県稲沢市、島根県邑南町、宮崎県小林市、沖縄県那覇市等では、「円形議場」を採用しています。

◆ 市民参加型事業における好ましい配席

実は、間取りが対立関係に影響するということは、市民参加型事業における配席にもいえるのです。行政職員が前のひな壇にずらっと並び、これに対峙して参加した市民が座る。この構図は、団体交渉を想起させます。そして、行政＝説明者、市民＝質問者へと役割を固定化させてしまう構図なのです。

思い出してください。参加型事業における会議において、市民から獲得したいことの一つは、行政内部だけでは思い描くことのできない当事者ならではの知恵のはずです。行政＝説明者、市民＝質問者という役割の固定化では、目的が達成できません。

この二項対立の構図を打破する第一歩は、配席です。**円形、または、四角形の会議型にして、市民と職員とが散らばり、相互にアイディアを**

出し合う配席が好ましいといえます。

◆ 途中からのレイアウトチェンジ

　しかしながら、第1回目は行政側による趣旨説明でスタートすること
が通例で、この時に円形ではやりづらいでしょう。そこで、説明が終わ
り議論に移る第1回目途中のタイミングで、または、第2回目の会議か
ら、円形または四角の会議型とすることにより、市民も行政も対等の立
場となり、二項対立をあおらぬ構図とすることができます。

　第1回目の途中でレイアウト変更をするとき、参加した市民と行政と
が一緒にこれを行えば、初の共同作業となります。しかし、根深い対立
がある案件の場合、レイアウト変更を担ってもらうこと自体が、逆に対
立をあおってしまう可能性もあります。こうしたことが予想される場合
は、説明会場のほかに会議用の別室を用意し、あらかじめ円形または四
角の会議型でセットしておくか、無理せず第2回目からとすることが有
効でしょう。

　市民の中には、会議室に入室した瞬間、その配席から行政の本音をか
ぎ取る方もいます。参加型事業をプロデュースする皆さんの力量が問わ
れています。

座席の配置
レイアウト案

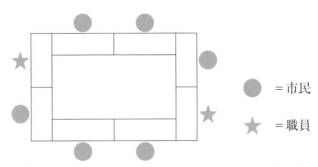

● ＝市民
★ ＝職員

TIPS　●配席にこだわり、円滑な運営につなげる。

⑥ 早く普通の人間関係を構築する

◆ 塊から個の関係づくりへシフトする

　あいさつ、接遇、二項対立回避の構図などで、アイスブレイクと対等な関係づくりに努めてきました。次は、**名前を覚え、個々の人間として相互に理解し合える普通の人間関係を早く構築**していきましょう。

　前項までの対応で構築したのは、「市民」といういわば塊との関係です。市民の側から見ると、「行政」という塊へのイメージづくりです。

　これらはもちろん順番として必要なステップではあるのですが、しかし、前項までの段階での「市民」とはいわばのっぺらぼうの状態で、たとえば、新学期の入学初日に新入生30人と教室で初顔合わせをした状態です。先生は、生徒一人ひとりの顔と名前がまだ一致しませんし、性格や特徴はなおのことです。生徒側としても、入学式の雰囲気から歓迎されていることはわかりますし、校長講話から学校の方針を理解しているところですが、一人ひとりの先生方の性格や特徴まではわかりません。

　市民は無人格・同一ではありません。一人ひとりが名前を持ち、家庭環境、居住地域、これまでの経験が異なり、30人いれば30通りの個性があります。市民は日常生活の中での困りごとや自らの関心事を解決するために参加しています。他に集まってきた29人とうまくやりながらこれを実現していこうという人もいれば、自らの要望をかなえるためなら多少突出しても構わない、むしろ突出すべきだという人もいます。

　たとえば、文化祭の準備にあたり、同じクラスの中でもリーダーシップを取る人、決まったことには従う人、全く協力しない人など、いろいろな人がいたことでしょう。それで当然なのです。それでは、バラエティに富む参加者との「普通」の人間関係とはどのようなものでしょうか。

◆ 問いかけから築く人間関係

　職場における人間関係と同レベルが、市民参加での「普通」の関係といえるでしょう。考えてみれば、職場に集まった職員は辞令一つで集められたもので、友人や恋人のように互いにひかれ合った結果ではありません。偶然集まった同僚の名前を覚え、係に割り当てられた仕事をこなしていきます。その過程で進むべき方向性を共有し、互いの個性を理解しながら役割分担し、誤りが発生しないように、また、効果的かつ効率的に進むように組み立てているはずです。

　職場における人間関係と同レベルの「普通」の人間関係を築くためには、顔と名前を覚えることが必須であり第一です。次に、居住地域を把握する、関心分野を理解するなど、一人ひとりを個々の人間として理解することが必要です。自分に関心を持ってもらえることはうれしいことです。**問いかけ、共通の話題を掘り起こし、共感できる関係をつくります。**

　職員：私はＡ地区に住んでいるのですが、どちらにお住まいですか？
　市民：私はＢ地区です。
　職員：Ｂ地区というと、Ｃというラーメン屋がありますよね。私、
　　　　ラーメンが好きでよく行くんです。
　市民：私はあまり行かないなぁ。
　職員：そうですか。では、どんなお店に行きますか？

　このように、本当に初めて会った人同士の普通の会話、軽い質問を投げかけるだけでいいのです。もちろん、プライバシーに立ち入るものですから、過度に踏み込む必要はありませんし、相手が拒否する場合は、無理強いが逆効果を招くことは言うまでもありません。

TIPS ◉一人ひとりに関心を持つ。

⑦ 自らをさらけ出して 共感を呼ぶ関係をつくる

◆ 公務員特有の匿名性が関係づくりを妨げる

　相手に関心を持ち、人間関係を早く構築することが担当者に求められると述べましたが、相手に個人的なことを話してもらうためには、**自らも対等な人間として個人情報を一部出し、お互いの情報を交換する中で気持ちも交感していく**必要があります。

　ところで、私たちにはこれを妨げるマインドが備わっています。行政の特徴の一つである、匿名性です。もちろん、職員は名札を着用していますし、求められれば名刺も出すでしょうが、基本的には窓口に来た申請者に、自己紹介をすることはまれでしょう。また、行政処分を行う際には、「○市○課○係　担当者□□□□」として処分を行うわけではなく、「○市長」として行います。これは、わが国の行政機関では、誰が担当しても一律の基準の下で公平・公正な判断を行うため、相手も担当者が誰かという情報までは必要としていないことが通例であることと関係しています。

◆ 一定程度のプライバシーを共有する

　しかし、市民参加型事業の場合は書類申請や行政処分と様相を異にします。人と人との関係です。**一定程度のプライバシーの共有がなければ、共感する関係は築けません。**

　市民：Aさんはどこに住んでいるの？
　職員：プライバシーなのでお答えできません。

市民：お子さんはいるの？

職員：プライバシーなのでお答えできません。

　参加している市民は、担当者と共通の話題を見つけようとして質問を振ってきています。子どもの有無について、「小学生と保育園児がいます」と答えれば、「じゃあ、わかってくれるかな。Ｂ地区に信号のない横断歩道があるけど、登校時や通園時にあれは危ないよね」と話題がつながっていきます。

　また、たとえば「自己紹介してください」と言っても、互いにけん制してしまうことがあります。そこで、はじめに自分から情報を出すことで、それが先例となり交換する情報の標準ラインをつくることもできます。このときに提供する情報のレベルで、行政側がどれだけ本気で関わろうとしているのか判断する参加者もいることでしょう。

　関係づくりのためにプライバシーの共有を促す一例を示します。

　「皆さん、今日は初顔合わせです。これから長いお付き合いになっていきますので、まずはお互いに自己紹介しましょう。それでは言い出しっぺですので、まず私から自己紹介させていただきます。

　私は□□□□です。○地区に住んでいます。市職員になって○年目です。好きな食べ物はラーメンで、○町にある○○ラーメンがお気に入りです。皆さんの中にラーメン好きの方がいらっしゃったら、ぜひお勧めのお店を教えてください。以上が私の自己紹介ですが、特にルールなどありません。ただ、名前だけですと少し寂しいので、何か一つでいいですからプラスアルファの情報を加えましょう」

　決して流暢である必要はありません。むしろ、下手でも苦手でもいい、たどたどしくとも一生懸命やっている姿勢が共感を呼ぶかもしれません。普通の人間関係を構築するには、一定程度のプライバシーの共有が必要なのです。

TIPS ●匿名性を乗り越えるところから、特別な関係が始まる。

❽ 市民と共に汗をかく

◆ Do への参加の場合

　市民参加型事業がDoへの参加、たとえば、ごみ拾いやイベント運営といった実際に汗をかく活動を含むものの場合、関係づくりは比較的容易といえます。この理由は、たとえば、公園のごみ拾いの場合、「○月○日○時から○時まで、○○公園に集合」と、行政で決定済みのものへ参加を募るだけであることに加え、もう一つあります。それは、参加した市民と行政もごみを拾うことにより、共に汗をかくことができるからです。共通体験は親和性を生みます。これを「**共汗力**（きょうかんりょく）」と呼ぶ研究者もいます。さらに、活動時間がたとえば2時間と決まっていますから、達成感を得やすく、元々まちの美化に関心があって参加した人にとって、公園がきれいになったことは満足感に直結します。

◆ Plan への参加の場合

　では、Planへの参加、たとえば、基本構想、基本計画、個別計画策定や条例制定に際しての市民参加の場合はどうでしょうか。

　市民は、行政からの参加呼びかけを受けて、日常生活の中での困りごとや自らの関心事を計画や条例に反映させたいと考えて参加してきます。このこと自体は望ましいことです。なぜなら、当事者性を反映させて政策づくりを行おうという、直接民主制的な取組みを選択した行政の意図にかなうからです。しかし、運営面を考えると、30人集まれば30通りの考えがあり、各自が意見を述べているだけでは収拾がつかなくなりがちということも事実です。

この解決方法は2つあります。一つは、各参加者の意見を素材にして一つひとつ地道に検討を加えていくこと、もう一つは、**参加者全員で一つの同じ体験をしてみる**ということです。

　参加者全員で行う一つの同じ体験の例として、第4章で述べたワークショップがあります。たとえば、皆の意見を付箋に書き出す、付箋を貼るといった実際に体を動かす中で、参加者間に「共汗力」が生まれます。一参加者として行政もワークショップに加われば、市民と行政との間での「共汗力」も生まれてきます。

◆ 発言は市民優先、行政は後

　ただし、注意すべきことがあります。まだ十分にアイスブレイクできていないと、ワークショップのグループ内で「まずは行政の考えはどうなんだい？」とはじめのほうで聞かれる可能性があるということです。

　しかし、はじめの段階での行政の発言は、以後の方向性を拘束してしまう可能性があるほか、反発を招いてしまう可能性もあります。

　事業の目的は、行政にない当事者性を反映させて政策づくりを行うことだったはずです。**参加した市民には必ず言いたいことがあります。**ほとばしる思いを述べてもらう中で、個々の市民の参加の意図も理解できます。意図が理解できれば、それに寄り添うこともできます。行政がピントのずれた話を始め、すれ違ってしまう危険も回避できます。

　まずは市民を優先し、先に発言を求められたら、「一緒に考えましょう」と答えましょう。プロセスが進み、共に汗を流していく中で、立場は違えど、「このまちをより良くしたい」という同じ志を持つ「仲間」であることが認識されてきます。その段階で述べる、プロの行政マンとしての意見は受け入れられやすくなっているはずです。

TIPS　◉「共汗力」を生む仕掛けを埋め込む。

❾ 良好な関係を築く コミュニケーションの方法

◆ エンパシーを持って接する

　市民参加の担当者が知っておくべきコミュニケーションのコツに「エンパシー（共感）」があります。経験や価値観は人それぞれです。私たちはエンパシーを持って、市民と接する必要があります。

　2009年、アメリカのオバマ大統領（当時）は、連邦最高裁判事にソトマイヨール氏を指名しました。彼女は、女性としては３人目の就任でした。オバマ大統領による指名の理由がエンパシーでした。

　私たちが必要としているのは、10代前半の母親であるということが、どういうことなのかを理解するための心、つまりエンパシーを持った人です。貧しいこと、アフリカ系アメリカ人であること、ゲイであること、障がい者であること、年を取っていることが、どういうことなのかを理解するためのエンパシー。それが、私が裁判官を選ぶ基準です。

　様々な異なる事情を抱えた市民参加型事業の参加者とともに臨む私たちとして、胸に刻んでおきたい言葉です。

　エンパシーと似た言葉にシンパシーがあり、共に感情と共振する力を意味しますが、両者の違いは次のとおりです。

　シンパシー：自己の経験の延長線上で他人の感情に共振する作用
　エンパシー：経験や価値観が異なる他人の感情と共振する作用

◆ 相手に伝わってこそコミュニケーション

　もちろん、大抵の公務員はエンパシーを持っているはずです。しかし、それが相手に伝わっているかとなると、話は別です。

ここに興味深い調査があります。（公財）日本生産性本部が2012年に発表した「日本の課長と一般社員　職場のコミュニケーションに関する意識調査」です。これによると、上司・部下間の理解について、88.9％の上司（課長）は「部下または後輩が言いたいことが理解できる」と回答している一方、一般社員から見た「上司は自分のことを理解してくれていると思う」との回答は62.2％にとどまります。実に36.5％は「理解していないと思う」との回答で、認識にギャップが生じています。

　同じ職場で一日の3分の1を過ごし、同じ組織目標を達成するために働いているはずの上司・部下であってもこの状況です。これまでの接点がない市民との関係であればなおさらです。

　コミュニケーションとは、相手に伝わってこそ効果を発揮します。シンパシーやエンパシーを感じても、それを表現しなければ何も伝わりません。また、それを伝えようとしても、小さな声でぼそぼそと話すのでは相手に届きません。公務員は控えめな人が多いので、**少しオーバーアクション気味ぐらいがちょうどよいように思います。**

　では、少しオーバーアクションで何を伝えればよいのでしょうか。市民参加型事業を続けていると、他の参加者の発言にうなずいたり、作業の際に助け合ったりと、何かが少しずつ変化します。その**小さな変化に気付くこと、そしてそれを表現すること**が重要です。

　はじめは自分の日常生活の中での困りごとや自らの関心事から参加した市民同士が議論していく中で、その私的なきっかけが何らかの公益性と接合することに気付き、行政側の意図とシンクロするときがあります。このときに「それ、いいですね！」と発言する。また、運営上、これまでバラバラの方向を向いていたものが円滑になってきたときに、「今日はよかったですね！」と発言する。市民も手探りで臨んでおり、不安な部分もあるはずです。その中での好意的な一言に安心します。こうした発言の積み重ねが**市民と共鳴する関係づくりに役立ちます。**

TIPS ◉「いいね！」を明確に伝える。

⑩ 市民との合意形成で身につけたいスキル

◆ 一日のまとめの重要性は会議の生産性向上にある

ある市民同士の会議における実際の会話です。

「Aについては、前回の会議のときに、Bと決まっていたはずだ」
「いや、確かにそうした意見が多かったが、決定はしていない」
「決定していないが、反対発言はなかったから、Bでよいのではないか」
「ちょっと待ってほしい。私は前回欠席したのだが、そんなことは聞いていないし、今日はCの意見を言おうと思って出席した」

　会議を3時間も行ったのに、結局何が決まったのかよくわからない……。そんな経験をしたことはありませんか。上記のようなことがあると、運営上、手戻りが発生して非生産的となります。非生産的な会議が繰り返されると、参加者の参加意欲はそがれます。さらに、参加者間の人間関係にもひびが入りかねません。
　こうならないためには、その日の会議終了時にまとめを行い、その日決まったことを確認し、合意形成しておくことが重要です。ときには結論にまでは至れず終了時刻を迎える日もあるでしょうが、途中段階であったとしてもそこまでの結論を出しておきます。「今日のまとめとして、AについてはBということでよろしいですよね」と一言入れます。
　その上で、次回の会議までにその方向での解決策を一人一案考えてきてもらい、次回それを発表して結論に至るようにしようと合意形成する、このように次回への道筋を示してポジティブな雰囲気で終わるようにします。「では、Bの方向性で具体案を各自考え、これを発表するこ

とから次回スタートして、結論までもっていきましょう」というイメージです。

このような合意形成を行っていくためにも、「**いったん合意した内容はそれぞれが尊重する**」ことをあらかじめルール化するとよいでしょう。

このほか、欠席者の意見も取り入れて合意形成していくためには、次のようなルールを盛り込んでおくことも有効でしょう。

- 欠席する場合は、議題に関する意見をあらかじめ提出することとする。会議では、提出された意見を共有した上で進める。
- 欠席者は、会議結果報告書を読み、意見がある場合、指定する期日までに意見を提出する。

◆ 交渉術の応用で合意形成を成功させる

ところで、合意形成にあたっては対立関係に陥らせないための交渉術が参考となります。交渉術とは、ハーバード大学交渉学研究所で開発されたものです。その特徴は、双方の主張の利点に焦点を合わせようとするもので、**できるだけ共通の利益を見出し、利害が衝突する場合はどちら側の意志からも独立した公正な基準に基づいて結論に導こうとするもの**です。交渉術のポイントは次の4点です。利害関係者との交渉と市民参加での議論とでは異なる部分もあるので、あくまでも参考として紹介します。

- 人…………人と問題とを分離せよ
- 利害………立場でなく利害に焦点を合わせよ
- 選択肢……行動について決定する前に多くの可能性を考え出せ
- 基準………結果はあくまでも客観的基準によるべきことを強調せよ

※出典：フィッシャー＆ユーリー『ハーバード流交渉術』三笠書房

TIPS ●会議の取りまとめ、ルール化、交渉術で合意形成を推進する。

シンポジウム開催から
ボランティア登用へ

　2019年9月、千葉市図書館ではシンポジウムを開催しました。
　これは、今後到来する社会構造の変化を見据えた新たな図書館モデルへの転換を図ることを目的として、新たな図書館計画を策定するにあたり、各方面から幅広く意見を聴収するために開催したものです。参加者は252人に上りました。
　2部構成で、第1部は著名な脳科学者の茂木健一郎氏から、「現代の情報環境と図書館の役割」のテーマでご講演いただきました。
　第2部は、「新たな価値を創造する未来の図書館について」というテーマでパネルディスカッションを行い、千葉大学副学長・同大学附属図書館長である竹内比呂也氏をコーディネーターとして、茂木健一郎氏、大平睦美氏（京都産業大学教授）、中邨章氏（明治大学名誉教授）とともに、私も登壇しました。
　この中で、中邨名誉教授は、図書館運営にあたり、海外ではボランティアが多用されている例を紹介されました。これを受け、会場に向かって私が「このテーマに関心をお持ちの方が今日はこんなにも参加していらっしゃる。ぜひ皆さんのお力を少しずつでも貸していただきたい」と話したところ、会場からは拍手が自然発生しました。これは、パネルディスカッションの中で唯一いただいた拍手でした。
　シンポジウム終了時に実施したアンケートでも、ボランティアをもっと活用してほしいという意見が自由記載欄に複数寄せられました。さらに、シンポジウムから半年後、図書館計画を策定するにあたって附属機関である図書館協議会から出された答申にも、ボランティア等を活かした市民協働体制の検討が意見として出されました。
　これらを受け、シンポジウムの翌年、ある図書館のイベントの開催にあたり、運営ボランティアを募集したところ応募があり、イベントも成功裡に終わりました。ボランティアの方からは「こうした機会を待っていた、今後もぜひ呼んでほしい」との声をいただきました。シンポジウムが、市民の行動変容と友好な関係構築をもたらしました。

第6章

市民参加が
もたらす効果

市民参加は、行政や地域だけでなく、市民一人ひとりや、担当者個人にもメリットをもたらします。ここでは市民参加で得られる様々な効果を紹介します。

❶ 自治の力を使ったほうが 遠回りのようで近道

◆ 市民参加は塩漬け回避にも効果あり

　皆さんの中には、「市民参加とはこんなに手間がかかるものなのか」と辟易している人もいるかもしれません。しかし、それでも、自治の力を使ったほうが遠回りのようで近道なのです。皆さんの自治体に、長年解決されずに塩漬けとなっている事業はありませんか。塩漬けとなった理由は様々でしょうが、市民の反対を受けて頓挫しているものもあることでしょう。市民参加は、塩漬け状態を事前回避するツールにもなるのです。

◆ 行政だけで進めると近道のつもりが遠回り

　行政の事業が反対を受ける敗因の一つは、「市民VS行政」の二項対立の構図が成立してしまっていることです。事業の企画立案は行政が恣意的に行っているわけではありません。何かしら課題があり、その解決のために企画立案されます。この段階で、課題認識は行政としてはすでに所与のものとなっていても、普段個々の生活に忙しい市民は、そのようなことは考えていません。これは市民に非があるのではなく、当然のことなのです。このため、行政としては良かれと思って方針決定した事業も、市民から見れば唐突感は否めません。

　課題の共有化ができていないところに、いきなり行政が来て、自分の不利益になることや面倒なことを提案されても、すぐに賛成できるはずがありません。むしろ、行政に対する敵対心が強くなります。たとえば、「この町にAという施設を建設することと決まりました。来年度着工します」と説明会が始まったらどうでしょう。それが、家の隣に、い

わゆる迷惑施設を建てるというものだったとしたら……。**いったん市民に不信感を抱かれた事業は、その経験を持つ世代の交代や時代背景の大転換を待たなければ、解決できないかもしれません。**

さらに、反対する市民が10人いるとすれば、行政はこの10人との個別交渉を強いられます。仮にこのうち９人とは比較的早期に妥結に至ったとしても、一人が根強く反対を続ければまとまらない可能性があります。

◆ 自治の力を信じる

市民参加を通じて、課題を共有し、皆が対等な立場で意見を交換することにより、皆が課題解決に向けて積極的になります。こうして事業が塩漬けにならず、進めやすくなります。

実例でお話ししましょう。ある施設の移転について、「市民意見交換会」に行政として出席したときのことです。移転に賛成の市民も反対の市民もいました。はじめに、反対の市民が意見を述べました。これが意見交換会ではなく、「行政主催の説明会」であれば、移転反対の立場からの「質問」であり、これに回答するのは行政と、典型的な二項対立の構図になることでしょう。次に発言したのは賛成意見の市民でした。続いて、他の参加者も自然発生的に意見を述べます。必要に応じ、行政も対等な立場で意見を述べます。この意見交換のプロセスで自ずと大勢が見えてきます。数回にわたる会議を経て、意見が出尽くしたところで、市民代表から選出した議長が、少数派の意見も汲み取りながら市民としての意見をまとめ、それを全員に投げ掛けて合意形成が行われました。

一緒に考えていくという中には**「市民と行政とが一緒に」「異なる思考の市民同士が一緒に」という２つの意味合い**があります。対等の立場で一緒に考え、合意形成のプロセスを経ていくからこそまとまるのです。これが、「自ずと治まる」自治の力です。

TIPS ◉急がば回れ・・・自治の力を信じる。

❷ 行政のミカタを増やす

◆ 行政に対する信頼感に変化が出る

　紛糾の混乱期の渦中にあるときには信じられないことですが、どんなに揉めても、参加した市民のうち、少なからぬ一部は、「行政の味方」となります。筆者が実施したアンケート調査では、次の結果が出ています。

■参加型事業に参加して「行政への信頼感が増した」市民の割合

秋田県鷹巣町（当時）	福祉施策	30.5%
東京都三鷹市	基本構想・基本計画策定	29.4%
神奈川県川崎市幸区	まちづくり活動	33.3%

　都市部・農村部にかかわらず、また、事業の種類にかかわらず、おおむね3割の参加者が「行政への信頼感が増した」と回答しています。
　さらに、同アンケートでは、「役場・役所の職員が非協力的だった」と感じたかも問うていますが、これに該当する回答はゼロでした。

◆ 行政のイメージは変えられる

　市民は行政をよく見ています。これはなぜなのでしょう。
　一般に、行政はバッシングにさらされています。主権者であり納税者である市民からすれば、監視は当然のことですが、多くの市民は、マスコミによる報道を見て、行政に対するイメージをつくっています。しかし、マスコミは、その存在意義から、関心をあおる傾向を内包している

ものです。ここでつくられたイメージは、バイアスがかかっている可能性もあります。

これに対し、**実際に事業に参加し、行政に接した市民の一部は、その見方を変えます**。そして、地域に帰り、家族に、近所で、職場で、行政のイメージを伝えるスポークスマンとなります。

◆ ソーシャル・キャピタルの形成

ソーシャル・キャピタルという言葉をお聞きになったことがあると思います。人間関係、規範、信頼などが持つ社会生活上の特徴を示す概念で、「人間関係資本」などと訳されます。ソーシャル・キャピタルの高い社会では、共有された目標を追求するために、参加者がより効率よく共に行動するようになるといわれています。

ソーシャル・キャピタルが形成された東京都国分寺市の例を挙げます。

国分寺市で2年8か月間にわたり実施された自治基本条例市民検討会は、職員で構成する委員会と合同で「国分寺市自治基本条例素案に関する報告」を作成しています。その巻末には、市民検討会18人、検討委員会（職員）14人の名簿とともに、次の言葉が添えられています。

「2年8か月の検討期間は長丁場であり、(略)ときには激論も交え熱心に検討してきました」

「この中で、市民と職員との率直で真摯な意見交換ができたことは大きな収穫であり、今後の市政にとって大きな財産となるでしょう」

「この間、縁の下の力持ちとして、合同検討会の円滑な運営に果たした事務局の役割も忘れることはできません。改めて謝意を表したいと思います」

当初「激論」が飛び交っていた頃と、取組みの後とでは、**行政に対する市民の見方も変わり、行政の味方へと変容**することになりました。

TIPS ●市民参加型事業には、ソーシャル・キャピタルを形成する効果がある。

❸ あなたのミカタを増やす ①味方

◆ 世界価値観調査でわかった信頼度の低さ

ここでクイズです。次のデータは、何を表したものでしょう。

	A	B
ド イ ツ	69.1%	30.9%
日　　本	67.2%	32.8%
アメリカ	58.5%	41.5%
イギリス	54.2%	45.3%
フランス	45.7%	54.3%

　正解は、公務員への信頼度を表したもので、A＝「信頼しない」、B＝「信頼する」です。これはOECD加盟国を対象に実施された世界価値観調査をもとに、中邨章・明治大学名誉教授が集計されたものです（中邨章『自治体の危機管理——公助から自助への導き方』ぎょうせい）。

　日本はドイツと並んで公務員に対する信頼度が低いという大変興味深いデータです。単純化すれば、7割の市民は公務員を不信の目で見ているということになります。公務員である私たちにとって、これは残念な結果です。しかし、市民参加型事業を通じて、その担当職員に対する市民の眼差しは、「公務員」という得体の知れない集団から、「担当者の○○さん」と個人に移行していきます。そして、担当者の働きぶりを認めた**参加者の中からあなたの「味方」が生まれます**。

◆ 小池さんと真藤さん

　担当を外れたり、別の部署に異動になったりしても、関係性を築いた市民は皆さんを助け、励ます存在になります。

　たとえば、たかさき市民参加推進会議では、事務局職員である小池主任の異動内示に対し、市民は次のように述べています。

　「小池さんが教育委員会に移られると聞いてショックでした。小池さんは会議のオアシス。いつも私たちを和ませてくれたのに残念」

　後任となった真藤主事は、はじめ「事務局の担当者が途中で交代することで、委員の皆さんの意識にどのような影響を与えることになるのだろうか」と気がかりで、委員も「いったい、どのような人が来るのだろうか」と心配しています。

　しかし、真藤主事の人柄や仕事ぶりを見て、「若くて気配りのできる人だ。なんとか一緒にやっていけそうだ」と安堵し、円滑な関係を保ちながらゴールへと導いています（佐藤徹『市民会議と地域創造　市民が変わり行政が変わると地域も変わる！』ぎょうせい）。

　ここで注意していただきたいのは、**市民は、小池主任、真藤主事という「人」を見ている**ということです。

　私にも市民が味方になってくださった経験があります。行政への苦情を持ってきたある市民の意見をきっかけに、全庁に関係するある改善を行ったことがあります。その方は、私が異動後も、３つの部署にわたり顔を見に訪ねてくださいました。念のため申し添えますが、私への「要望」なしでです。「戦友」のようなものなのでしょう。

　はじめはお互い知らない者同士ですが、話しているうちに、回を重ねるごとに、「なんだ、わがまちをより良くしようと考える同じ人間じゃないか」と理解され、ほかでもないあなたの「味方」が生まれます。

TIPS
● 市民参加型事業を通じて、
　あなたの「味方」が生まれる。

❹ あなたのミカタを増やす ②見方

◆ 市民への見方が変わる

　皆さんも、窓口での市民対応などでお叱りを受けた経験をお持ちのことと思います。前項で取り上げた公務員に対する信頼度、すなわち、多くの市民は公務員を不信の目で見ているということは、肌身で感じていることでしょう。すると、自己防衛のために、「どうせ市民は公務員を見下げている」「市民は好き勝手なことばかり言ってくる」などと、私たち公務員から市民への「見方」は硬いものとなりがちです。しかし、**参加型事業を通じて、市民に対する皆さんの「見方」も変わってきます。**

　千葉市には移動図書館車があり、26か所を巡回しています。巡回先では本の貸出しや返却を地元のボランティアの方々とともに行います。初めて移動図書館車に乗ったときの経験は驚きでした。巡回先に着くと歓迎されます。行政が来て歓迎される経験は、それまでの私にはあまりありませんでした。すでに地元と人間関係を構築しているベテラン担当者は世間話に花を咲かせます。行政に対する信頼を構築するツールとして貢献しており、私の市民への見方も「（単なる）サービス利用者」から「図書館の味方」へと変わりました。

◆ アイディアという見方ができる

　前項で、行政への苦情を持ってきたある市民との個人的な関係を述べました。このときのはじめの対応で、この市民に対し、「また苦情か」と思って対応していたら、このような関係は築けなかったでしょうし、全庁に関係する事務改善に結び付くこともなかったことでしょう。

民間では、コールセンターに寄せられる苦情の中にこそアイディアが潜んでいると、消費者の意見を大切にしています。同様に、市民の意見の中には公益に資するものがあります。それに気付かない私たちに、**市民が無償でアイディアを提供してくれている**のかもしれません。そして、そのアイディアを**実現にまでもっていくのは、公務員にしかできません**。あなたに意見を聞かせてくれたということは、あなたにそのチャンスを与えてくれたということであり、あなただったらそれができると見込まれたからかもしれません。「わがまちをより良くしようと考えている同じ人間じゃないか」と考えれば、市民に対するあなたの「見方」も変わるはずです。

◆ 見方＝考え方

　「AさんとBさんとではものの見方が違う」ということがあります。ある同一の物体や事象を見ていてもその見え方は異なり、物事がどのように見えるかは、これまでの経験や立場によって異なるものです。すなわち、見方とは、これまでの経験や立場というバイアスがかかった、人によって異なる「見え方」であり「考え方」なのです。

　市民・行政それぞれにこれまでに蓄積された考え方、たとえば、市民から行政への「税金泥棒」という考え方、行政から市民に対する「要求型市民」という考え方に代表される、市民と行政の不信の連鎖からは何も生まれません。

　まずは行政が市民参加型事業を始めてみる。**共に活動していく中で、市民の中から行政に対する「味方」が生まれ、担当者個人への「味方」も生まれる。同時に担当職員も、市民の「見方」を変容させていく。**この取組みがソーシャル・キャピタルを形成する。自治体職員を志した者にとって、最高の経験ではないでしょうか。

TIPS ●見方を変えると味方が生まれる。

⑤ 市民の生きがいづくりの場を提供する

◆ 孤立度は日本が最高値！

　困りごとが起こったときの最初の相談先は、アジアでは一般に寺院やモスク、欧米では教会です。人々は、寺院や教会で施しを受けたり、日曜学校で教育を受けたりしながら、地域での人間関係をも構築していきます。しかし、無宗教者が多い私たちの国では、困ったときに寺院や教会へ行くということは一般的ではないでしょう。そのため多くの要望が行政に求められるという側面があります。

　ここで、次のデータをご覧ください。これは何のデータでしょうか。

オランダ	2.0%	スペイン	6.8%
アメリカ合衆国	3.1%	韓国	7.5%
デンマーク	3.3%	イタリア	7.7%
ドイツ	3.5%	フランス	8.1%
ギリシャ	3.7%	ポルトガル	9.6%
イギリス	5.0%	チェコ	10.0%
ベルギー	5.1%	メキシコ	14.1%
カナダ	5.8%	日本	15.3%

　これは、「世界価値観調査1999-2002」のうちの「社会的孤立度の国際比較」（2005年）です。ここでいう「社会的孤立」とは、「家族以外の他者とどれくらい交流や付き合いがあるか」を指し、上記の値は「全く又はごくたまにしか会わない」と回答した者の割合です。先進諸国中、日本はワースト１となっており、**孤立度が極めて高い国**なのです。

　実際に、育児世代の「公園デビュー（公園で親子連れコミュニティの

仲間入りを果たすこと）」、定年世代の「地域デビュー（地域活動に初めて参加すること）」、さらには高齢者の孤独死が課題となっています。

一方で、人間には集団に属したい、仲間がほしいという「社会的欲求」と、他者から認められたい、尊敬されたいという「承認欲求」があります。これらは自己実現欲求であり、それをかなえる機会を提供することができれば、生きがいづくりにつながります。

◆ 市民参加は心身の健康増進にも効果あり

課題や要望を行政がまるごと受け止め、「公助」で解決することは不可能です。しかし、解決の端緒は「互助」「共助」と呼ばれる身近なところにあるのです。そこで、市民参加にスポットが当たってきます。

さらに、「市民参加」型事業（参加する市民の側から見れば「社会参加」）は健康づくりにも寄与します。たとえば、「社会参加活動は、**抑うつ傾向の軽減や認知機能の維持・改善効果が特に期待できる**」「社会参加活動をしていない高齢者ほど**高次生活機能障害・社会的孤立の危険性**が高い」「ボランティア活動は、活動しているうちに身体活動量増加などを通じて**健康増進効果**が期待できる」と、健康への効果が報告されています（地方独立行政法人東京都健康長寿医療センター『介護予防につながる社会参加活動等の事例の分析と一般介護予防事業へつなげるための実践的手法に関する調査研究事業報告書』2018年）。

これを具体化した一例が、高知県津野町床鍋集落における床鍋式デイサービスです。手作業が不可欠なシシトウの選荷・パック詰めを農協から引き受け、高齢者の外出促進を行っています。この取組みは、地域組織を関係させることで介護予防事業に位置付けることに成功しており、こうした制度設計が、行政の腕の見せどころといえるでしょう。

TIPS ●市民参加型事業で孤独化を防ぎ、生きがいづくりと健康増進ができる。

次なる参加へつなげる足がかりをつくる

◆ 不快な経験を乗り越えて人は強くなる

　ところで、市民参加を導入すれば何でもうまくいくというわけではありません。活動の過程で、他人から批判されたり、自分のことばかり主張する人がいたり、議論がまとまらなかったりと、参加する市民が不快な経験をすることもあります。しかし、過度な心配は不要です。筆者が実施したアンケート調査では、次の結果が出ています。すなわち、不快に思ったことがあったとしても、**多くの市民はそれを乗り越え、参加したことそのものへの後悔にまでは至っていない**のです。

	参加型事業に参加して	
	参加中に「不快に思ったこと」がある市民の割合	参加後に「良かった」と回答した市民の割合
秋田県鷹巣町(当時)	30.5%	84.7%
東京都三鷹市	61.8%	94.1%
神奈川県川崎市幸区	25.0%	83.3%

◆ 覚醒〜次なる参加へ

　第1章で、すべての市民の参加は現実的ではないことを述べましたが、参加型事業を行う中で、参加者を増やしていくことはできるのです。
　一度、公益的活動に参加した市民は、その楽しさに気付きます。生きがいとともに新たな仲間もできるからです。

先程のアンケート調査では、事業に参加する前後での公益活動への関心を尋ねる設問を設けていました。結果、現に他に活動しているか、また他にも活動したいという回答が9割に上っています。

	事業参加前における ボランティア活動経験		事業参加後における 他の活動について		
	あり	なし	活動して いる	活動してい ないが、い ずれまた活 動したい	もう活動す るつもりは ない
秋田県鷹巣町 （当時）	54.2%	45.8%	71.2%	25.4%	0%
東京都三鷹市	82.4%	17.6%	88.2%	5.9%	0%
神奈川県 川崎市幸区	75.0%	25.0%	50.0%	41.7%	8.3%

　三鷹市の事例は1999年から2001年にわたる「みたか市民プラン21会議」参加者へのアンケート結果です。当時同会議の共同代表で、三鷹市長を経て現杏林大学・ルーテル大学客員教授の清原慶子氏は後に、「**参加型事業の参加者は次なる参加へとつながっていく**」と述べています。

　この調査の自由記載欄から生の声を紹介します。この声は参加が満足をもたらすことを示す言葉であり、これから市民参加型事業に取り組む皆さんの不安を払しょくしてくれるはずです。

　「いろいろな価値観を持った人たちの意見をまとめることは大変ですが、住民にとって何がプラスになるか、人間らしい生活を送るための三鷹市をどうするか、ずいぶん検討し、まとめてきたことが素晴らしく、人間関係も親密になり、今でも『自治基本条例をつくる市民の会』で頑張れる力が持てたと思います」

TIPS ●ひとたび参加した市民の多くは、
　　　　次なる参加へとつながっていく。

◆ 必ず訪れる後継者不足という課題

　まちづくり活動に実働するボランティア団体において、後継者が不足しているという課題があります。団体立上げの際に携わった熱意ある第一世代でその熱意が風化し、次世代につながらないという課題です。

　次世代は放っておいても自然に入ってくるということはあまり期待できません。**次世代が加入してくる機会を意識的につくり、育成していく**必要があります。

　ここで想起したいのは、部活動への勧誘です。3年生になれば順次卒業していきます。新入生への勧誘を行わなければ、その部がつぶれることは明白です。新入生確保を行うことを含め卒業していく3年生の責務であることを意識する必要があります。

　これと同様のことがボランティア団体にもいえます。メンバーの固定化と枯渇とを計画的に回避すること、これは第一世代の責務であることを意識する必要があります。そのため、○歳になったら卒業、○年活動したら卒業と決め、卒業までに次世代を各自一人確保しておくことをルール化し、卒業したメンバーはアドバイザーへと回ることとします。

◆ 次世代確保の3つのポイント

　次世代を育成するために、団体内で参加者を確保するための活動ルールを設けることも必要です。そのポイントには次の3つが挙げられます。

　①　誰でも参加できるように負担を軽くする
　②　活動が楽しく、やりがいがあるよう工夫する

③ 熱心な人だけだと輪に入りにくいので要注意

これらのポイントは千葉市美浜区の幸町1丁目コミュニティ委員会というまちづくりの実働部隊が掲げる活動のルールです。同委員会では、活動の継続に力点を置き、現役世代の育成を活動の一つとしています。

2018年時点で62人が活動する中、実際に現役世代の育成を担当する活動メンバーは、40代から50代前半のコミュニティ委員16人です。

①について、いきなりリーダーになりたい人を募集するのではなく、まずはイベントの参加者として募集をかけるなど、入口で負担を感じないようにします。幸町1丁目コミュニティ委員会の例では、活動目的は将来のまちづくりのリーダー育成ですが、町内の公園をあじさいの名所にする「幸町公園あじさいプロジェクト」を展開、無理なく新メンバーを巻き込めるようにしています。

②について、**活動の内容を住民のニーズから決める**など、参加者が関心を持てるテーマを、その団体の取組みにします。オープンな組織づくりの重要性について前述しましたが、幸町1丁目コミュニティ委員会では、14年間で6回の住民アンケートを行い、住民ニーズの把握に努めるとともに、活動参加への意思も聞いています。たとえば、防災アンケートの結果、各家庭における食糧の備蓄不足が浮き彫りとなったため、同委員会として1200食分の米の備蓄を行ったり、高齢化率が33％に達したタイミングで実施した福祉アンケートの結果を踏まえ、高齢者宅の力仕事、電球交換、大工仕事等に取り組む安心サポートの会を立ち上げたりしています。

③について、このように、イベント時のみ、その場限りの付き合いではなく、地域住民の意向を踏まえた実際に役立つ日常のまちづくり活動を行うことで、もともと団体に関心のない人も、参加に呼び込むことができます。**住民全体の共感を呼び、後継者となる層の心理的垣根を低くしている**のです。

TIPS ●ルール化と無理のない自然な仕掛けがポイント。

❽ 参加を協働に昇華させる

◆ 協働相手の存在に気付く

　本書では、「行政が主導する」取組みに「市民が参加する」活動を行うにあたってのポイントを中心に述べてきました。ここで、第1章を想起していただくと、参加の6段階（関心、知識、意見提出、意見と応答、審議、討議）の次には協働の段階が現れます。協働とは、課題や目標が共有されるときに成立し、対等の関係である「行政とは別主体」と、某かの行政課題の解決に共に対処することです。「別主体」とは、共通の目的を志向しながら、地域課題を解決する独立した主体をいいます。イメージしやすいのは、町内会・自治会、地域自治組織といった地縁型組織で、地域に根差した課題に包括的に対処していくものです。このほか、外国人、福祉、環境といった特定の課題に関心を持つ人々で構成するボランティア団体やNPO団体も存在します。そもそも、団体である必要もなく、個人で活動している人も当てはまります。

　さらに、地域貢献を掲げている一部の民間事業者や研究機関も協働相手となり得ます。CSR（Corporate Social Responsibility）という言葉を聞いたことはありませんか。「企業の社会的責任」と訳され、民間事業者も社会の一員として意志決定や活動を行うべきとする考え方です。同様に大学はUSR（University Social Responsibility）をうたっています。地域の発展は、民間事業者や研究機関にとっても有益なのです。

◆ 時代の画期に協働は不可欠

　市民参加は行政が主導なため、行政側からのお金や人材に頼ることに

なります。しかし、わが国はすでに人口減少時代に突入しています。有史以来、**人口減少期に経済成長した国はありません。**経済成長がないということは、税収も減るということであり、税金を原資に、行政課題の解決をすべて行政機関が引き受けていくということはできません。

◆ 協働は持続可能な社会にも貢献する

そこで、行政と対等な立場で課題解決をする「協働」が必要になります。なにも、一から協働の相手を見つける必要はありません。さらに「行政の肩代わり」ではなく、社会的な存在である人間、民間事業者や研究機関としての本源的な営みの中に、協働の萌芽は入っています。ここに着目して、**重層的な社会を創り出していくのです。**

協働にあたり、行政ができることは何でしょうか。たとえば、一般に、ボランティア団体は新規加入者の確保が課題です。その一因は、ボランティア団体単独での情報発信ではPR力が弱いからです。そこで、行政の広報紙にボランティア団体の紹介記事を掲載したり、イベント開催時にブースを設けてボランティア団体にPRの場を提供してみたりする。これによりボランティアの数が増えれば、生きがいをもって生活する人が増え、健康増進にも寄与するとともに、行政課題の解決者の数も増えることとなります。また、公務員の定年延長が行われますが、同時に、役職定年制が導入されます。職員として長年にわたり培ってきた知識・経験、管理職としてのマネジメント力を、地域担当職員として発揮してもらうことにより行政として地域社会を支援することもできるでしょう。

これからずっと続いていく人口減少時代にあって、**持続可能な社会を築いていく解決策の一つに、協働があるのです。**そして、**こうした社会へと無理なく導いていく**のは、行政の役割でもあるのです。

TIPS ●人口減少時代に最適な社会の構築に取り組めることこそ、これからの公務員のやりがい・醍醐味。

❾ 深化する住民自治

◆ 未完の分権改革

　市民参加、そして、その発展形である協働は、もう少し大きな視座でとらえることもできます。

　昨年、2021年は、地方分権推進委員会が最終報告を出してから20年目に当たる年でした。同委員会設置の根拠法である地方分権推進法第2条は、「個性豊かで活力に満ちた地域社会の実現」を基本理念としており、最終報告には次のように述べられています。

　最後に、地方公共団体の男女を問わずすべての住民に対して訴えておきたいことがある。地方自治とは、元来、自分たちの地域を自分たちで治めることである。地域住民には、これまで以上に、地方公共団体の政策決定過程に積極的に参画し自分の意向を的確に反映させようとする主体的な姿勢が望まれる。また地方税の納税者として、地方公共団体の行政サービスの是非を受益と負担の均衡という観点から総合的に評価し、これを厳しく取捨選択する姿勢が期待される。自己決定・自己責任の原理に基づく分権型社会を創造していくためには、**住民みずからの公共心の覚醒**が求められるのである。そしてまた当面する少子高齢社会の諸課題に的確に対応していくためにも、行政の総合化を促進し、公私協働の仕組みを構築していくことが強く求められている。**公共サービスの提供をあげて地方公共団体による行政サービスに依存する姿勢を改め、**コミュニティで担い得るものはコミュニティが、NPOで担い得るものはNPOが担い、**地方公共団体の関係者と住民が協働して本来の「公共社会」を創造してほしい。**

地方分権改革は、政治・行政の基本構造を根本的に改めるねらいが込められたことから、明治維新、戦後改革に次ぐ**第三の改革**と呼ばれました。ところで、地方自治の本旨とは、団体自治と住民自治とで構成するといわれています。このうち、団体自治については、第一次分権改革で機関委任事務制度が廃止されたことや国地方係争処理委員会が設けられたことにより拡充しました。しかし、住民自治については強化策が見送られており、最終報告の中でも「未完の分権改革」と述べられています。

◆ 住民自治の萌芽

　この未完状態を完成に近付ける取組みとして、市民参加や協働があるのです。参加型事業に参加した市民の声に耳を傾けてみましょう。

　「今の自分の生活をより良いものにしていきたいという考えから始めましたが、参加して話合いをすることで、自分のおかれている状況よりも、まず優先してやらなければいけないものはあるんだなあ、ということがわかってきました」

　「市民としての責任ということをより強く意識するようになった。また、市民の考えの多様性、時には（というよりは実に多くの）相反する考え方があるものだと半ば感心することもある。しかし、これをお互いに認め、その中から今必要なことは何か、今は無理でも将来にとっておくべき考えは何かをきちんと見極める見識の必要性を痛感した」

　自治とは自己統治のことです。市民による熟議を踏まえて自治体を運営することは、住民自治の「**手法**」の深化といえるでしょう。さらに、従来の住民自治制度では吸い上げることのできなかった意見を吸い上げて施策に反映させることは、住民自治の「**成果**」の深化です。

　国全体としては分権改革は未完ですが、市民参加を導入した自治体では、手法としても成果としても、住民自治は深化を見せています。

TIPS　◉参加や協働は、住民自治を深化させる。

興味深い統計資料

　市民参加を取り巻く状況を理解するための最終問題です！　次の資料は何を指すものでしょうか。

上位10か国			下位10か国		
順位	国名	割合(%)	順位	国名	割合(%)
1	リベリア	77	116	ラトビア	32
2	シエラレオネ	74	117	スロバキア	32
3	アメリカ	72	118	ベラルーシ	32
4	ケニア	68	119	中国	31
5	ザンビア	67	120	クロアチア	30
6	ウガンダ	66	121	チェコ	29
7	ナイジェリア	66	121	マダガスカル	29
8	イラク	65	123	セルビア	28
9	カナダ	64	124	カンボジア	24
10	マラウイ	64	125	日本	24
10	ニュージーランド	64			

※出典：Charities Aid Foundation『World Giving Index 10th edition』(2019)

　これは、イギリスの慈善団体「チャリティーズ・エイド・ファンデーション（CAF）」が発表したWorld Giving Index（世界人助け指数）です。「困っている見知らぬ他者を助けた割合」について2009年から2018年までの10年間にわたる調査結果を集計したものです。日本は最下位、しかも平均値は48.3％なので、その半分となっています。

　2021年1月に亡くなった作家・半藤一利氏は、日本人の欠点は2つあり、当座しのぎの根拠のない楽観性と排他的同調性であると指摘しています。上の調査結果も排他的同調性に起因するものでしょうか。何ともお寒い結果です……。市民参加が、こうした日本の在り方を変えていくきっかけになるといいですね♪

参考文献

【地方自治全般】

大森彌『変化に挑戦する自治体——希望の自治体行政学』第一法規、2008年

大森彌『自治体職員再論——人口減少時代を生き抜く』ぎょうせい、2015年

大森彌『人口減少時代を生き抜く自治体——希望の自治体行政学』第一法規、
　　2017年

大森彌・大杉覚『これからの地方自治の教科書』　第一法規、2019年

中邨章『自治体主権のシナリオ——ガバナンス・ＮＰＭ・市民社会』芦書房、
　　2003年

中邨章『自治体の危機管理——公助から自助への導き方』ぎょうせい、2020年

新藤宗幸『行政ってなんだろう』岩波書店、1998年

矢尾板俊平『地方創生の総合政策論』頸草書房、2017年

田村明「地方自治通信」地方自治センター、1971年8月号

田村明『現代都市読本』東洋経済新報社、1994年

田村明『自治体学入門』岩波書店、2000年

【市民参加】

大森彌『自治行政と住民の「元気」——続・自治体行政学入門』良書普及会、
1990年

大森彌「『分権型社会』から『自治型社会』へ」「都市問題」公益財団法人後藤・
　　安田記念東京都市研究所、2020年9月号

新藤宗幸編著『住民投票』ぎょうせい、1999年

新藤宗幸「住民参加型行政？　市民はけっして愚者ではない」「地方自治職員研
　　修」公職研、2003年10月号

関谷昇「地域社会における協働の可能性」「政策情報ちば　人口減少社会を考え
　　る」千葉県職員能力開発センター政策研究室、2009年

関谷昇「響き合う地域空間と地域活性化」「市町村職員活性化情報誌　クリエイ
　　ティブぼうそう」千葉県自治研修センター、2012年83号

広井良典『コミュニティを問いなおす——つながり・都市・日本社会の未来』
　　筑摩書房、2009年

北原啓司『「空間」を「場所」に変えるまち育て——まちの創造的編集とは』萌
　　文社、2018年

財団法人 東北開発研究センター監修、山田晴義編著『地域コミュニティの支援
　　　戦略』ぎょうせい、2007年

西尾勝『権力と参加〔第5版〕』東京大学出版会、2000年

早瀬昇・松原明『NPOがわかるQ&A』岩波書店、2004年

山崎亮『縮充する日本──「参加」が創り出す人口減少社会の希望』PHP研究
　　　所、2016年

大杉覚『コミュニティ自治の未来図──共創に向けた地域人財づくりへ』ぎょ
　　　うせい、2021年

松下啓一『新しい公共と自治体──自治体はなぜNPOとパートナーシップを組
　　　まなければいけないのか』信山社出版、2002年

松下啓一『市民活動のための自治体入門──行政は何を考え、どのように行動
　　　するのか』大阪ボランティア協会、2007年

森啓『「協働」の思想と体制』公人の友社、2003年

【二元的代表制】

大森彌『新版　分権改革と地方議会』ぎょうせい、2002年

大森彌『自治体議員入門──有権者の期待と議員の現実　住民自治の要となる
　　　ために』第一法規、2021年

中邨章『地方議会人の挑戦──議会改革の実績と課題』ぎょうせい、2016年

【公共性】

関谷昇『近代社会契約説の原理──ホッブズ、ロック、ルソー像の統一的再構
　　　成』東京大学出版会、2003年

西尾勝・小林正弥・金泰昌編『公共哲学11　自治から考える公共性』東京大学
　　　出版会、2004年

片岡寛光『公共の哲学』早稲田大学出版部、2002年

【時代背景】

広井良典『無と意識の人類史──私たちはどこへ向かうのか』東洋経済新報社、
　　　2021年

月尾嘉男『日本が世界地図から消滅しないための戦略（用意周到な大国、用意
　　　周到でない日本）』致知出版社、2015年

斎藤幸平『人新世の「資本論」』集英社、2020年

【スキル養成】

堀公俊『ワークショップ入門』日本経済新聞出版社、2008年

石井遼介『心理的安全性のつくりかた――「心理的柔軟性」が困難を乗り越え
　　るチームに変える』日本能率協会マネジメントセンター、2020年

岡本全勝『明るい公務員講座』時事通信社、2017年

夏目大訳、クリスティーン・ポラス『Think CIVILITY 「礼儀正しさ」こそ最
　　強の生存戦略である』東洋経済新報社、2019年

定野司『合意を生み出す！ 公務員の調整術』学陽書房、2020年

金山宣夫・浅井和子訳、フィッシャー＆ユーリー『ハーバード流交渉術――イ
　　エスを言わせる方法』三笠書房、1990年

市町村職員研修教材開発委員会編『市町村職員研修 いちからわかる！ 地方公
　　務員仕事のきほん』ぎょうせい、2020年

【先例研究】

三鷹市編、清原慶子『三鷹が創る「自治体新時代」――21世紀をひらく政策の
　　かたち』ぎょうせい、2000年

高崎市・高崎経済大学附属地域政策研究センター編、佐藤徹『市民会議と地域創
　　造――市民が変わり行政が変わると地域も変わる！』ぎょうせい、2005年

大井川町まちづくり事業実行委員会『'98まちづくりシンポジウム報告書』1999年

市町村シンポジウム実行委員会編「地域発 まちの姿 自治のかたち 第15回『地
　　方新時代』市町村シンポジウム報告書」公人社、2002年

三重県地方自治研究センター、一般財団法人三重地方自治労働文化センター「自
　　治体政策資料No.44　地域自治組織と自治体の在り方研究会報告書」
　　2017年

三鷹市「みたか市民プラン21会議活動報告書『こんな三鷹にしたい』」2001年

【その他の参考文献】

中邨章監修『行政カタカナ用語集』イマジン出版、2003年

神野直彦『財政学』有斐閣、2002年

西尾勝『行政学〔新版〕』有斐閣、2001年

阿部齊・今村都南雄・寄本勝美編著『地方自治の現代用語〔新版第一次改訂版〕』
　　学陽書房、2000年

自治大学校編『三訂 自治用語辞典』〔第4版〕ぎょうせい、1990年

おわりに

　いかがでしょうか、市民参加に対する皆さんの不安が少しでも払しょくされたなら、筆者として望外の喜びです。

　本来、本書でご紹介したポイントは、一人ひとりの職員が、それぞれの職場で試行錯誤を重ねながら体得していくものです。しかしながら、コロナ禍もあり、職場内でのコミュニケーションも減り、先輩からポイントを伝承してもらえる機会も少なくなりました。こうした中で、職員の皆さんの力になりたい、そう思ったことが本書を執筆することとしたきっかけでした。

　もう一つのきっかけは、市町村アカデミー教授としての経験に根差しています。市民参加をテーマとする約1週間にわたる研修を企画・実施しました。大学教授、NPO、自治会における実践者を中心に講師として御登壇いただき、理論や実践例を中心に貴重な御講義をいただきました。しかし、当然のことなのですが、主に研究者としての視座や実践者としての視座に立脚した内容です。研究者は、そもそも自らの知的好奇心があって研究活動を行っています。実践者は意欲があるから実践しています。翻って、私たち職員はどうでしょうか。柔軟性を苦手とする職員にとって、マインドに少し乖離があるようには思いませんか。そこで、職員視点での講義を私が行ったところ思いのほか好評で、こうした分野について説くニーズを発見した瞬間となりました。

　本書は、筆者が社会人修士のときに研究していたことも下敷きになっています。論文執筆にあたり、指導教官であった大森彌先生をはじめ、多くの先生方に親身な御指導をいただきました。まずもって厚く御礼申し上げます。

　また、秋田県鷹巣町（当時）、東京都三鷹市、神奈川県川崎市幸区でアンケート調査を実施させていただきました。このほか、多くの自治体で実践例を見学させていただくとともに、先行研究を参考とさせていた

だいております。御協力いただいたすべての皆様方に感謝申し上げます。

　さらに、私には、私を「同志」と呼んでくれる方がいます。この方は、公私にわたり、私の長所も短所も熟知しており、弱気になっているときは励まし、強気になっているときは警鐘を鳴らしてくれるかけがえのない存在です。本書を執筆するにあたり、市民参加に造詣が深いその方からも多くの助言をいただきました。現役職員のため名前を伏せさせていただくことが残念ですが、心から感謝しています。

　「はじめに」で述べたとおり、市民参加に万能薬はありません。また、コロナ禍を一つの契機としてオンラインワークショップが出てくるなど、手法はこれからも進化を続けていくことでしょう。しかし、根底に流れるものは変わりません。

　皆さんも、職員の中に同志を得て、同志と語り合う中で進むべき方向性が見えてくるものがあることでしょう。そもそも、職員同士でこうした信頼関係を築くことができない方が、市民との信頼関係を築くことは困難でしょう。現在進行形で発生しているあなたのまちの課題について、まずは庁内の仲間と語り合ってみましょう。

　庁内のみならず、他の自治体で同種の事業を担当している方からも貴重なアドバイスが得られるかもしれません。こうした対話が、市民参加で課題を解決していくトレーニングともなります。一人で悩まず、庁内に、庁外に、あなたのミカタを増やしていきましょう。

　末筆とはなりましたが、私にこのような機会を与えてくださった学陽書房の根山萌子さんに衷心より御礼を申し上げます。

　本書中、意見に係る部分は筆者の私見であり、筆者の所属する組織の公式見解ではないことを申し添えます。

　　令和4年1月

　　　　　　　　　　　　　　　　　　　　安部　浩成

【著者紹介】

安部　浩成（あべ　ひろしげ）

千葉市総務局情報経営部長。1993年千葉市役所に入庁。総務課、政策法務課、行政管理課、中央区税務課、保健医療課、障害者自立支援課、都市総務課、教育委員会企画課を経て、人材育成課長補佐、業務改革推進課行政改革担当課長、海辺活性化推進課長、中央図書館館長などを歴任。2021年より現職。厚生省（当時）や千葉大学大学院、市町村職員中央研修所（公益財団法人 全国市町村研修財団）への派遣経験を有する。研修所では教授として、講義や研修企画等を通じた人材育成に携わる。

　主な著書に『はじめて部下を持ったら読む 公務員のチームマネジメント』（2020年、学陽書房）『仕事がうまく回り出す！ 公務員の突破力』（2020年、ぎょうせい）がある。雑誌寄稿は「新任昇任・昇格者の行動力」（『月刊ガバナンス』2020年3月号、ぎょうせい）他多数。人材育成と行政改革がライフワーク。趣味は旅とフィットネス。

自治体職員のための市民参加の進め方
意見交換会、ワークショップからボランティアまで

2022年2月24日　初版発行

著　者　　安部浩成　　あ べ ひろしげ

発行者　　佐久間重嘉

発行所　　学陽書房

〒102-0072　東京都千代田区飯田橋1-9-3
営業／電話　03-3261-1111　FAX　03-5211-3300
編集／電話　03-3261-1112　FAX　03-5211-3301

DTP／みどり工芸社　印刷・製本／三省堂印刷　装丁／佐藤 博

部下の力とやる気を引き出す！
チームづくりの教科書

「はじめての管理職の業務に戸惑っている」「係員の意見がバラバラでまとまらない」など新人マネジャーの悩みを解消する1冊。チームづくりの基本と実践のコツ、マネジャーの心得などを徹底解説。

はじめて部下を持ったら読む
公務員のチームマネジメント

安部浩成［著］

四六判並製／定価＝1,980円（税込）

市民参加に必須のスキルを
学べる2冊！

皆を納得に導くための考え方やテクニックを解説。1人だけ話している、だれも話さない、皆が違うことを言っている……などの困った場面で役に立つスキルの基本と実践のコツをおさえることができる本です。

公務員の
会議ファシリテーションの教科書

釘山健一［著］

A5判並製／定価=2,090円（税込）

合意を生み出す！
公務員の調整術

定野司［著］

A5判並製／定価=2,200円（税込）